Gestão Financeira

UMA ABORDAGEM INTRODUTÓRIA

O GEN | Grupo Editorial Nacional – maior plataforma editorial brasileira no segmento científico, técnico e profissional – publica conteúdos nas áreas de ciências sociais aplicadas, exatas, humanas, jurídicas e da saúde, além de prover serviços direcionados à educação continuada e à preparação para concursos.

As editoras que integram o GEN, das mais respeitadas no mercado editorial, construíram catálogos inigualáveis, com obras decisivas para a formação acadêmica e o aperfeiçoamento de várias gerações de profissionais e estudantes, tendo se tornado sinônimo de qualidade e seriedade.

A missão do GEN e dos núcleos de conteúdo que o compõem é prover a melhor informação científica e distribuí-la de maneira flexível e conveniente, a preços justos, gerando benefícios e servindo a autores, docentes, livreiros, funcionários, colaboradores e acionistas.

Nosso comportamento ético incondicional e nossa responsabilidade social e ambiental são reforçados pela natureza educacional de nossa atividade e dão sustentabilidade ao crescimento contínuo e à rentabilidade do grupo.

CHIAVENATO
DIGITAL

CHIAVENATO

IDALBERTO
CHIAVENATO

Gestão Financeira

UMA ABORDAGEM INTRODUTÓRIA

4ª ed.

gen | atlas

CIP-BRASIL. CATALOGAÇÃO NA PUBLICAÇÃO
SINDICATO NACIONAL DOS EDITORES DE LIVROS, RJ

C458g
4. ed.

Chiavenato, Idalberto, 1936-
Gestão financeira: uma abordagem introdutória / Idalberto Chiavenato. – 4. ed. – Barueri [SP]: Atlas, 2022.

Inclui bibliografia e índice
ISBN 978-65-5977-256-8

1. Administração financeira. 2. Empresas - Finanças. I. Título.

22-76415	CDD: 658.15
	CDU: 658.15

Meri Gleice Rodrigues de Souza - Bibliotecária - CRB-7/6439

À Rita.

*Como um artesão que dedica à amada
cada produto da sua lavra,
quero dedicar-lhe esta pequena obra
com todo o carinho e amor.*

Parabéns!

Além da edição mais completa e atualizada do livro
Gestão Financeira – uma abordagem introdutória,
agora você tem acesso à Sala de Aula Virtual do
Prof. Idalberto Chiavenato.

Chiavenato Digital é a solução
que você precisa para
complementar seus estudos.

São diversos objetos
educacionais, como vídeos do
autor, mapas mentais, estudos
de caso e muito mais!

Para acessar, basta seguir
o passo a passo descrito
na orelha deste livro.

Bons estudos!

Confira o vídeo
de apresentação
da plataforma
pelo autor.

uqr.to/hs6d

Sempre que o ícone  aparece, há um
conteúdo disponível na Sala de Aula Virtual.

CHIAVENÁRIO
Glossário interativo com
as principais terminologias
utilizadas pelo autor.

 SAIBA MAIS
Conteúdos
complementares
colaboram para
aprofundar
o conhecimento.

 TENDÊNCIAS EM GF
Atualidades e novos
paradigmas da
Administração são
apresentados.

EXERCÍCIOS
Ferramentas
para estimular a
aprendizagem.

CASOS PARA DISCUSSÃO
[RECURSO EXCLUSIVO
PARA PROFESSORES]
Situações-problema sugerem
discussões e aplicações práticas
dos conteúdos tratados.

SOBRE O AUTOR

Idalberto Chiavenato é Doutor e Mestre em Administração pela City University Los Angeles (Califórnia, EUA), especialista em Administração de Empresas pela Escola de Administração de Empresas de São Paulo da Fundação Getulio Vargas (FGV EAESP), graduado em Filosofia e Pedagogia, com especialização em Psicologia Educacional, pela Universidade de São Paulo (USP), e em Direito pela Universidade Presbiteriana Mackenzie.

Professor honorário de várias universidades do exterior e renomado palestrante ao redor do mundo, foi professor da FGV EAESP. Fundador e presidente do Instituto Chiavenato e membro vitalício da Academia Brasileira de Ciências da Administração. Conselheiro e vice-presidente de Assuntos Acadêmicos do Conselho Regional de Administração de São Paulo (CRA-SP).

Autor de 48 livros nas áreas de Administração, Recursos Humanos, Estratégia Organizacional e Comportamento Organizacional publicados no Brasil e no exterior. Recebeu três títulos de *Doutor Honoris Causa* por universidades latino-americanas e a Comenda de Recursos Humanos pela ABRH-Nacional.

PREFÁCIO

O dinheiro constitui um dos recursos mais escassos e caros do nosso mundo. É difícil ganhá-lo e muito fácil perdê-lo, tanto na atividade pessoal quanto na atividade empresarial. E sem ele não se pode fazer muita coisa. Planos de consolidação e expansão de negócios dependem estreitamente de dinheiro. É ele que abre as portas para novos empreendimentos e garante o sucesso empresarial quando se requer força e flexibilidade financeira como base de apoio para investimentos, novos projetos e inovação nos negócios. Saber lidar com dinheiro, principalmente quando a inflação e os juros elevados constituem desafios importantes, é indispensável para que a saúde financeira da empresa esteja garantida para assegurar lucratividade e sustentabilidade no longo prazo. As mudanças que ocorrem na economia mundial a cada instante exigem uma visão ampla e sistêmica da realidade financeira da empresa, tanto nos entornos imediato e mediato quanto no futuro dos negócios.

A Gestão Financeira (GF) desponta na atualidade como uma das áreas empresariais mais importantes na condução das empresas rumo à excelência, à competitividade e à sustentabilidade. A rentabilidade das empresas é, basicamente, sinônimo da excelência e do sucesso empresarial para muitos executivos. O mercado avalia o sucesso empresarial e as oportunidades de possíveis aplicações financeiras rentáveis por meio do balanço contábil e dos demonstrativos financeiros do negócio. Por todas essas razões, o executivo de negócios, o proprietário do negócio, o acionista, o investidor, como também todo aquele que lida com capitais e números, precisam conhecer as bases da GF para ter uma ideia segura a respeito de seus indicadores e métricas.

Este livro procura apontar alguns aspectos vitais para o alcance da rentabilidade e para o entendimento dessa especialidade tão importante para o sucesso empresarial. Faço votos de que ele seja útil para quem queira se envolver nos complicados meandros da GF das empresas.

Idalberto Chiavenato
www.chiavenato.com

SUMÁRIO

Capítulo 2

MERCADO FINANCEIRO, 23

Capítulo 3

GESTÃO DO CAPITAL DE GIRO, 43

Capítulo 4

ANÁLISE DO BALANÇO E DAS DEMONSTRAÇÕES FINANCEIRAS, 65

1 GESTÃO FINANCEIRA

O QUE VEREMOS ADIANTE

- Formas jurídicas das empresas.
- A empresa e seus recursos.
- Conceito de Gestão Financeira (GF).
- Grupos de interesses na empresa.
- Estrutura organizacional da GF.
- Controladoria.
- Tesouraria.
- Áreas de decisão.
- Relatórios de informações financeiras.
- O propósito convive com o lucro?

Peter Drucker, em sua obra de 1993 intitulada *Post-capitalist society*, alertava para o que ele chamou de sociedade pós-capitalista, em que qualquer pessoa e em qualquer atividade deveria adquirir novos conhecimentos a cada quatro ou cinco anos, para não se tornar obsoleta. Se observarmos o movimento que ocorre a partir dessa Quarta Revolução Industrial, ou seja, a sociedade da Era Digital, é fácil percebermos que Drucker, além de certo, poderia antecipar para muito menos de quatro ou cinco anos o período para que a pessoa se mantivesse atualizada para evitar a obsolescência. Para os profissionais da Gestão Financeira (GF), isso não é diferente. Os chamados *Chief Financial Officer* (CFO), nome atribuído para o executivo que cuida da área financeira da empresa, tiveram que se adequar aos novos tempos. De pessoas que concentravam as informações em uma área responsável em registrar transações e administrar orçamentos, entre outras atividades operacionais, passaram a atuar mais estrategicamente, com uma visão generalista e como fonte de informações organizacionais e de gestão de risco. Na Era Digital, as forças externas que impactam a empresa, por exemplo, novas regulações governamentais, exigências dos acionistas por rentabilidade, além das novas necessidades dos consumidores, novas tecnologias e os novos *players* que surgem a cada dia, facilitados pela tecnologia (a exemplo das *fintechs* e bancos digitais), deixam a empresa em um ambiente de incertezas e de alta competitividade. É nesse cenário que se insere o profissional da GF, cuja pressão sobre informações cada vez mais precisas, além do respaldo financeiro para a sustentabilidade da empresa, é cada vez maior.

INTRODUÇÃO

Para poder funcionar e operar no mercado, toda empresa precisa de dinheiro. Em outras palavras, de capital financeiro. O simples fato de uma empresa precisar de um imóvel para suas instalações, máquinas e equipamentos para produzir, matérias-primas (MP) para processar, pessoas para trabalhar e para vender significa simplesmente a necessidade de recursos financeiros que permitam alugar ou comprar o imóvel, adquirir as máquinas e os equipamentos, comprar as MP, pagar os salários do pessoal, recolher os impostos etc. Nenhuma empresa pode ser aberta sem um mínimo de capital inicial nem pode funcionar sem algum capital de giro para garantir suas operações cotidianas. O dinheiro é o motor dos negócios. Sem ele não há vida empresarial.

As empresas são organizações sociais que utilizam dinheiro, recursos e competências para entregar algo ao mercado e atingir determinados objetivos relacionados à sua competitividade e sustentabilidade. Quase sempre, esses objetivos estão relacionados direta ou indiretamente com a lucratividade do negócio. Existem empresas lucrativas quando o objetivo final é o lucro, e empresas não lucrativas quando o objetivo final é a simples prestação de algum serviço público, independentemente do lucro. Contudo, mesmo essas empresas não lucrativas também buscam o lucro no sentido de se tornarem independentes das verbas do governo ou do mantenedor. Em todos os casos, o lucro constitui o excedente entre a receita obtida e a despesa efetuada em determinada operação. O lucro significa a remuneração do empreendedor que assume os riscos do negócio e o retorno do seu investimento.

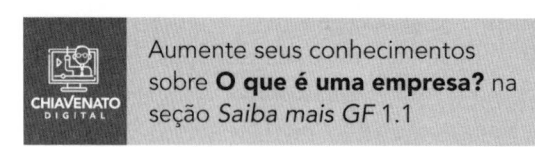

Aumente seus conhecimentos sobre **O que é uma empresa?** na seção *Saiba mais GF* 1.1

1.1 FORMAS JURÍDICAS DAS EMPRESAS

Quanto à modalidade jurídica de organização, as empresas podem assumir diferentes formas e tamanhos. Do ponto de vista estritamente jurídico, elas podem ser classificadas em três formas jurídicas básicas: a firma individual, a sociedade de pessoas e a sociedade anônima. Cada uma dessas formas jurídicas apresenta certas características importantes para a GF.

1.1.1 Firma individual

A firma individual é constituída por um único empresário ou proprietário que responde por seus negócios. É a empresa cujo proprietário é uma pessoa que opera em seu próprio benefício. A firma individual é, geralmente, uma pequena empresa (como uma oficina de automóveis, uma sapataria, uma mercearia), onde o proprietário toma todas as decisões e opera a propriedade juntamente com alguns poucos empregados. O capital da firma individual advém de recursos próprios ou de empréstimos de curto prazo.

O proprietário da firma individual tem direito a todo o lucro da empresa, mas, em contrapartida, tem responsabilidade ilimitada sobre as dívidas dela. Não há distinção entre rendimentos de pessoa física e de pessoa jurídica, de modo que o lucro da empresa é tributado como se fosse rendimento de pessoa física. Além disso, a duração da firma individual é limitada pela vida do proprietário, e o capital próprio, que pode ser reunido, é limitado à riqueza pessoal do proprietário.

É grande a quantidade de firmas individuais, porém sua participação no volume de faturamento de todas as empresas é pequena.

A firma individual apresenta as seguintes vantagens:

- O proprietário é seu próprio patrão.
- O proprietário assume todo o lucro, mas também todo o risco do negócio.
- Tem baixos custos operacionais devido à sua estrutura simples.
- Permite economias fiscais, principalmente em relação ao Imposto de Renda (IR).
- Está sujeita a menos regulamentação.

Contudo, a firma individual apresenta algumas desvantagens:

- **Responsabilidade ilimitada em relação aos credores**: a riqueza total do proprietário – e não o capital investido – responde pelas dívidas do negócio.
- **Limitação de capital**: a capacidade financeira do proprietário é limitada e pode restringir operações maiores.
- **O proprietário deve jogar em todas as posições do negócio**: isto é, deve conhecer e dominar todos os aspectos técnicos, comerciais e financeiros de sua empresa. É uma espécie de factótum.

1.1.2 Sociedade de pessoas

As sociedades de pessoas – também denominadas firmas de sociedade ou sociedade por quotas – são empresas constituídas de dois ou mais sócios que se associam no mesmo negócio com o objetivo de obter lucro. São semelhantes à firma individual, exceto pelo fato de que têm dois ou mais proprietários ou sócios. Embora quase sempre maiores do que as firmas individuais, em geral, não chegam a assumir grandes proporções ou tamanhos. É o caso de corretoras de seguro, corretoras de imóveis, firmas atacadistas e varejistas, empresas de prestação de serviços etc. A sociedade de pessoas é constituída por meio de um contrato social firmado entre os sócios e pode assumir uma variedade de formas de sociedades comerciais.

As principais formas de sociedade de pessoas são:

- Sociedade por firma ou nome coletivo.
- Sociedade de capital e indústria.
- Sociedade por cotas de responsabilidade limitada.
- Sociedade em comandita simples.
- Sociedade em comandita por ações.
- Sociedade por conta de participação.

Nas sociedades limitadas, os sócios assumem responsabilidade limitada até o montante investido no capital. Nas sociedades ilimitadas, os bens pessoais dos sócios respondem pela totalidade das dívidas assumidas no negócio.

A sociedade de pessoas apresenta várias vantagens:

- **Economias fiscais**: é semelhante à firma individual quanto aos custos organizacionais e à responsabilidade por certos tributos.

- **Possuem maior capital**: pois os recursos financeiros provêm de mais de um indivíduo ou sócio.

- **Mais facilidade de crédito**: principalmente quando os bens pessoais dos sócios garantem maior volume de valores emprestados.

- **Cooperação e habilidades administrativas**: decorrentes dos vários sócios envolvidos no negócio que podem participar da divisão das atividades decisórias e operacionais.

- **A maneira como os lucros ou prejuízos da sociedade são repartidos** entre os sócios é descrita no contrato social.

Todavia, a sociedade de pessoas pode apresentar desvantagens:

- **Responsabilidade solidária dos sócios**: os sócios respondem conjunta e solidariamente pelo negócio. No caso de liquidação do negócio e quando a responsabilidade é ilimitada, os bens de um dos sócios – quando os outros sócios não têm recursos suficientes – podem ser levados a garantir possíveis prejuízos.

- **Vida limitada**: do ponto de vista técnico, quando um dos sócios se afasta ou morre, a sociedade é dissolvida.

1.1.3 Sociedade anônima

A sociedade anônima (SA) é uma sociedade comercial em que o capital social é constituído por ações de um mesmo valor nominal formado por meio de subscrições. Cada pessoa adquire (subscreve) o número de ações que lhe convier, tornando-se acionista da SA. O capital de cada sócio é representado pelo número proporcional de ações que subscreve. A SA é administrada por um conselho de Administração e por um presidente. O conselho de Administração define os negócios e a política geral da empresa. O presidente é responsável pela administração das operações diárias e pela implementação das políticas estabelecidas pelo conselho de Administração, respondendo periodicamente a este. Os acionistas são os proprietários da empresa e votam periodicamente para escolher a composição do conselho de Administração e fazer alterações nos estatutos da sociedade. Os acionistas têm o direito de receber dividendos na proporção de sua propriedade. Quando o número de acionistas é grande, há uma separação entre a propriedade e a administração por meio da profissiona-lização de seus administradores.

A SA é uma forma superior de organização de empresas no que diz respeito a levanta-mento de recursos e transferência da propriedade de um investidor para outro.

A SA traz inúmeras vantagens:

- **Responsabilidade limitada**: cada acionista é um sócio com responsabilidade limitada, não podendo perder além do que investiu no negócio.

- **Dimensão do negócio**: o capital pode ser obtido a partir de muitos investidores, pela facilidade com que as ações podem ser negociadas. A propriedade pode ser pulverizada entre uma infinidade de acionistas, pequenos, médios ou grandes.

- **Transferência da propriedade**: a propriedade é comprovada pelos certificados de ações, que podem ser facilmente transferidos a outras pessoas. As bolsas de valores facilitam enormemente a venda e a compra de ações.

- **Vida ilimitada**: a SA não se dissolve com a morte ou a retirada de um proprietário e pode perdurar infinitamente no tempo.

- **Crescimento**: a SA pode expandir-se pelo aumento de capital devido ao rápido acesso aos mercados de capitais.

- **Administração profissional**: a direção da empresa passa para administradores profissionais contratados que podem ser promovidos ou substituídos quando necessário.

Empresa criada como entidade jurídica independente, formada por uma ou mais pessoas físicas ou jurídicas, a formação de uma sociedade por ações envolve a confecção de um documento de incorporação e um estatuto.

A sociedade por ações é a forma superior de organização de empresas, no que diz respeito a levantar recursos e transferir a propriedade de um investidor a outro, mas apresenta uma grande desvantagem: a dupla tributação.

As desvantagens da SA são apresentadas a seguir:

- **Dupla tributação do IR**: o lucro da SA é tributado pelo IR e novamente tributado quando distribuído aos acionistas na forma de dividendos. A carga tributária é maior do que nas firmas individuais e nas sociedades de pessoas.

- **Regulamentação governamental**: como a SA é uma entidade legalmente estabelecida, está submetida a regulamentações federais, estaduais e municipais, tornando necessários alguns órgãos para prestar serviços burocráticos e atender a todas essas regulamentações.

- **Transparência**: como não há sigilo e todos os acionistas devem conhecer o desempenho e a situação financeira da SA por meio de demonstrações financeiras, a empresa torna-se muito transparente. As decisões e as ações são abertas aos acionistas.

As SA são as empresas de maior tamanho e nas quais se pode visualizar a maior parte dos conceitos financeiros aqui expostos. Constituem o tipo de empresa predominante em nossa economia capitalista e que aglutina uma variedade de pequenos investidores que aplicam sua poupança no longo prazo.

O desempenho das SA é medido em relação ao lucro líquido apresentado na Demonstração do Resultado. Daí a necessidade de um conhecimento mais profundo dos conceitos financeiros que trataremos nos próximos capítulos.

Aumente seus conhecimentos sobre **Qual é a melhor forma jurídica da empresa?** na seção *Saiba mais GF* 1.2

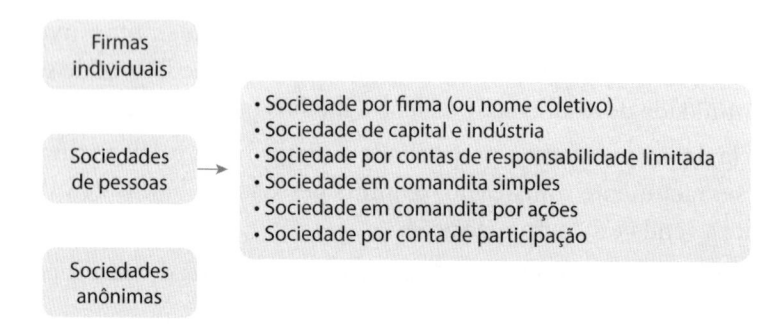

Figura 1.1 Formas jurídicas das empresas.

1.2 A EMPRESA E SEUS RECURSOS

Toda empresa existe para produzir bens (produtos ou mercadorias) ou serviços (atividades especializadas). As empresas que produzem bens são denominadas empresas industriais, enquanto as empresas que produzem ou prestam serviços são denominadas empresas prestadoras de serviços. Produzidos os bens ou serviços, as empresas precisam colocar seus produtos ou serviços no mercado. Aí começa a comercialização. Para produzir e comercializar seus bens ou serviços, as empresas precisam de recursos. Recursos são os meios de que dispõem as empresas para poder funcionar. Quanto mais recursos tiverem as empresas à sua disposição, melhor seu funcionamento. Quanto menos recursos, maiores as dificuldades no alcance dos objetivos. Porém, o excesso de recursos significa quase sempre aplicação pouco rentável destes. A administração procura a aplicação rentável dos recursos necessários à obtenção dos objetivos. Existe uma variedade de recursos empresariais. Porém, os recursos empresariais mais importantes podem ser agrupados da seguinte maneira:

- **Recursos materiais**: são os recursos físicos, como edifícios, prédios, máquinas, equipamentos, instalações, ferramentas, materiais, MP etc.
- **Recursos financeiros**: são os recursos monetários, como capital, dinheiro em caixa ou em bancos, contas a receber, créditos, investimentos etc.
- **Recursos humanos**: são os recursos vivos e inteligentes, isto é, pessoas que trabalham na empresa, desde o presidente até os funcionários de menor hierarquia.
- **Recursos mercadológicos**: são os recursos comerciais que as empresas utilizam para colocar seus produtos/serviços (P/S) no mercado, como promoção, propaganda, vendas, pesquisa de mercado, pesquisa de consumidor etc.
- **Recursos administrativos**: são os recursos gerenciais que as empresas utilizam para planejar, organizar, dirigir e controlar suas atividades.
- **Recursos tecnológicos:** incluem todo *hardware* e *software* envolvidos em todos os sistemas e processos da organização.

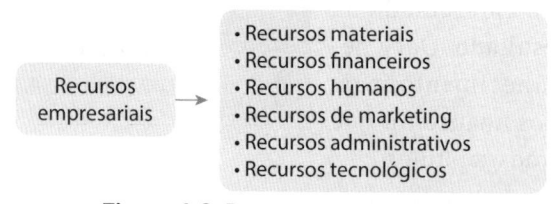

Figura 1.2 Recursos empresariais.

De modo convencional, os economistas denominavam fatores de produção os recursos empresariais. Dentro dessa abordagem tradicional, a produção somente ocorre quando estão presentes três fatores de produção: a natureza, o capital e o trabalho devidamente integrados e coordenados em uma empresa. A natureza representa os meios que proporcionam a MP e os materiais de produção. O capital representa os meios que financiam a produção. O trabalho representa a mão de obra que opera e transforma a MP em produto acabado (PA) ou serviço prestado com a ajuda de máquinas e equipamentos. Portanto, a empresa representa o elemento aglutinador dos três fatores de produção.

Figura 1.3 Fatores de produção tradicionais.

Os recursos empresariais e os fatores de produção podem ser apresentados como no Quadro 1.1.

Quadro 1.1 Recursos empresariais e fatores de produção

Recursos empresariais	Fatores de produção	Exemplos
Materiais	Natureza	Edifícios, instalações, máquinas, equipamentos, materiais, MP etc.
Financeiros	Capital	Capital, dinheiro em caixa ou em bancos, conta a receber, créditos, investimentos etc.
Humanos	Trabalho	Pessoas, desde o presidente até os operários
Mercadológicos	–	Promoção, propaganda, vendas, pesquisa de mercado etc.
Administrativos	Empresa	Planejamento, organização, direção, controle, estratégia etc.
Tecnológicos	–	Máquinas, equipamentos, instalações, Inteligência Artificial (IA), dados, sensores, aprendizagem de máquinas

Ainda dentro dessa abordagem, os recursos materiais correspondem ao fator de produção natureza; os recursos financeiros ultrapassam o fator de produção denominado capital e os recursos humanos englobam e transcendem o fator de produção denominado trabalho.

A falta de quaisquer desses recursos empresariais impossibilita o processo de produção e a colocação dos bens/serviços no mercado. Assim, todos os recursos empresariais são importantes e imprescindíveis, e devem ser utilizados em seu conjunto e de maneira integrada e sistêmica. Mas, sem o dinheiro proporcionado pelos recursos financeiros, os demais recursos não poderiam ser obtidos e aplicados nas operações da empresa.

Para administrar cada um dos recursos empresariais, torna-se necessária uma área específica na empresa, geralmente dirigida por um diretor ou gerente, conforme a Figura 1.4.

Figura 1.4 Administração dos recursos empresariais.

Assim, a administração da totalidade dos recursos empresariais é garantida pelas quatro áreas básicas da empresa: Produção, Finanças, Pessoas e Marketing. Isso envolve as quatro especializações básicas da Administração: Gestão da Produção (GP), Gestão Financeira (GF), Gestão de Recursos Humanos (GRH) e Gestão de Marketing (GM), respectivamente.

Nesse contexto, a GF cuida de um dos recursos mais caros, importantes e escassos da empresa, os recursos financeiros. São eles que dão à empresa a possibilidade de contratar pessoas, adquirir instalações, máquinas, equipamentos e tecnologias, comprar MP e investir na produção de bens ou serviços. São eles que permitem à empresa a faculdade de adquirir, possuir e dispor dos demais recursos empresariais.

Assim, a GF mantém íntimo relacionamento com todas as demais áreas da empresa. Muitas de suas decisões são tomadas em conjunto com as outras áreas e a partir das respectivas necessidades de recursos financeiros que elas apresentam.

1.3 CONCEITO DE GESTÃO FINANCEIRA

A GF é a área da Administração que cuida dos recursos financeiros da empresa. Em geral, a GF enfrenta três tipos básicos de decisões que são tomadas continuamente:

1. **Orçamento de capital**: envolve o planejamento e a gestão dos investimentos de longo prazo da empresa. O desafio está em identificar e localizar as oportunidades de investimento cujo valor para a empresa seja superior ao seu custo de aquisição. Em outras palavras, o fluxo de caixa gerado por um ativo supera o custo desse ativo. A criação de riqueza reside exatamente nesse aspecto: buscar oportunidades que aumentem o valor do negócio.

2. **Estrutura de capital**: envolve a adequada combinação de capital próprio existente na empresa com capital de terceiros para suplementar o capital próprio em momentos em que ele se torna insuficiente para o andamento dos negócios. É uma decisão cotidiana que envolve:
   a. Quanto a empresa deve tomar emprestado para garantir suas operações.
   b. Quais são as fontes menos dispendiosas de fundos para a empresa.
   c. Quando, onde e como tais recursos devem ser captados.

d. Escolha sobre o tipo adequado de recurso que a empresa tomará emprestado para reforçar seu capital próprio.

3. **Gestão do capital de giro**: envolve – como veremos adiante – os ativos e passivos circulantes da empresa. Trata-se de uma atividade diária e recorrente que busca assegurar que a empresa tenha sempre recursos suficientes para dar continuidade às suas operações e evitar possíveis interrupções em suas operações cotidianas.

As três áreas da GF – orçamento de capital, estrutura de capital e gestão do capital de giro – são abrangentes e extremamente variadas, como veremos adiante.

Assim, a GF trata de processo, instituições, mercados e instrumentos envolvidos na transferência de recursos entre pessoas, empresas e governos. Ela é designada como a ciência e arte de administrar fundos, envolvendo a aplicação de princípios econômicos e financeiros no sentido de maximizar a riqueza da empresa e do valor de suas ações.

1.3.1 Objetivos da Gestão Financeira

O objetivo básico da GF é a maximização do lucro, ou seja, incrementar o valor de mercado de capital dos proprietários ou acionistas de uma empresa, seja ela uma firma individual, uma sociedade de pessoas ou por ações. Em toda empresa, uma boa decisão financeira aumenta o valor de mercado do capital de seus proprietários.

Maximização da riqueza significa a contribuição para o aumento do valor da empresa pela escolha e seleção dos investimentos que possuem a melhor compensação entre o risco e o retorno. Como veremos adiante, frente a determinado nível de risco, representa a taxa de retorno que justifica a opção por um investimento.

Em termos genéricos, a GF persegue continuamente os seguintes objetivos básicos:

- **Manutenção de permanente situação de liquidez**: por meio da manutenção de um adequado fluxo de entradas e saídas de caixa sob controle. Isso requer conhecimento antecipado dos períodos em que irá faltar numerário para as operações cotidianas da empresa. Uma situação de liquidez existe quando os ativos e os passivos da empresa são adequadamente geridos.

- **Obtenção de recursos adicionais para suas operações ou planos de expansão**: com menores custos por meio de estudos de viabilidade econômico-financeira. Projetos envolvendo novos produtos e novas tecnologias englobam enormes somas de investimentos e aumento no grau de risco do empreendimento. Além disso, o retorno do investimento deve ser compatível com o risco assumido. Um risco maior deve ser acompanhado de uma expectativa de maior retorno.

- **Manutenção do equilíbrio entre objetivos de lucro e de liquidez financeira**: no sentido de assegurar que os planos de expansão estejam de acordo com as possibilidades de obtenção de recursos próprios ou de terceiros.

1.3.2 Rentabilidade e liquidez

Os dois objetivos principais da GF são: o melhor retorno possível do investimento – que é a rentabilidade ou lucratividade – e sua rápida conversão em dinheiro – liquidez. Com esses dois objetivos em mente, podemos conceituar adequadamente a GF. Como veremos adiante, a GF está preocupada com esses dois aspectos importantes dos recursos financeiros. Isso significa que a GF procura fazer com que os recursos financeiros sejam lucrativos e líquidos ao mesmo tempo. Assim, a GF é a área responsável pela gestão dos recursos financeiros da empresa, proporcionando as condições que garantam o equilíbrio ótimo entre sua rentabilidade e sua liquidez.

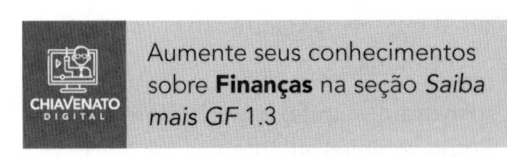
Aumente seus conhecimentos sobre **Finanças** na seção *Saiba mais GF* 1.3

- **Rentabilidade**: o investimento é alcançado à medida que o negócio da empresa proporciona a maximização dos retornos dos investimentos feitos pelos proprietários ou acionistas. Rentabilidade é a capacidade de um capital aplicado ou investido render dividendos ou ganho em dinheiro e pode ser expressa pela percentagem de lucro em relação ao investimento total. Na maior parte dos casos, a rentabilidade é inversamente proporcional à segurança do investimento e à liquidez. A rentabilidade máxima pode comprometer a liquidez da empresa, pois os retornos estão submetidos a diferentes períodos de tempo.

- **Liquidez**: de uma empresa é representada pelo disponível (que é o dinheiro em caixa mais títulos de mercado) e pelo realizável no curto prazo (que são as mercadorias vendidas em prazos inferiores a seis meses, duplicatas e promissórias). A liquidez representa a disponibilidade em moeda corrente, meios de pagamento, posse de títulos ou valores que podem ser convertidos rapidamente em dinheiro. *Liquidez* significa a qualidade daquilo que se pode dispor imediatamente e, portanto, a capacidade de um bem, título ou obrigação de se transformar em dinheiro ou em disponibilidade monetária. A liquidez pode ser maior ou menor dependendo do tipo de aplicação financeira, pois ela é inversamente proporcional aos prazos negociados. Aplicações de longo prazo têm menor liquidez que aplicações de curto prazo. Apenas o papel-moeda e a moeda metálica têm liquidez absoluta. Títulos ou aplicações com o mesmo prazo de vencimento têm maior liquidez que outros dependendo de sua aceitação no mercado, como é o caso de ações consideradas *Blue Chips* no mercado acionário.

Existe um conflito entre a máxima rentabilidade e a máxima liquidez: não é possível conseguir a maximização dos dois objetivos ao mesmo tempo. O segredo está em buscar a rentabilidade sem sacrificar totalmente a liquidez. Deve-se aplicar boa parte dos fundos disponíveis e manter inativa outra parte como proteção ou defesa contra o risco de não se conseguir pagar algum débito. Contudo, fundos inativos não produzem retorno aos investidores. Assim, a maximização da rentabilidade e da liquidez ao mesmo tempo não é possível. Em vez de maximização, procura-se a satisfação. Em vez do máximo, o satisfatório: um dos principais desafios da GF é manter ambas – rentabilidade e liquidez da empresa – em nível satisfatório. Para equilibrar rentabilidade e liquidez, a GF procura obter recursos financeiros do mercado e utilizar e aplicar os recursos financeiros em seu negócio ou em atividades paralelas como um meio acessório de aumentar seus recursos.

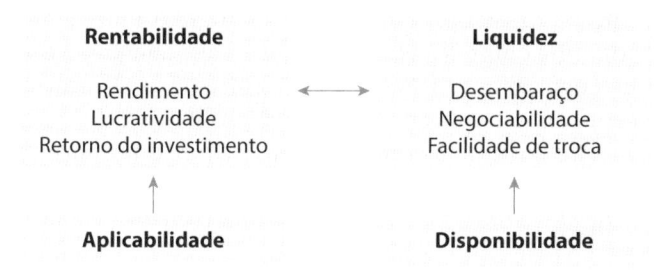

Figura 1.5 Rentabilidade e liquidez.

1.3.3 Conceito de lucro e risco

Na designação popular, lucro é o interesse, proveito ou vantagem que se tira de uma operação comercial, industrial etc. ou o ganho que se obtém de qualquer especulação depois de descontadas as despesas. Em GF, lucro é o rendimento atribuído ao capital investido diretamente em uma empresa. Significa a diferença entre a receita e a despesa da empresa em determinado período de tempo, como um ano ou semestre. O lucro pode ser abordado em duas formas:

1. **Lucro bruto**: constitui a diferença entre a receita obtida pela venda de mercadorias e o custo de sua produção (incluindo gastos com MP, despesas gerais, impostos e remuneração da força de trabalho). É considerado um excedente econômico, isto é, um rendimento gerado pela empresa após a dedução de todos os custos necessários à produção da mercadoria ou à prestação do serviço. Na verdade, os sistemas econômicos produzem tal excedente, mas somente no capitalismo apresenta a forma de lucro. Algumas escolas econômicas – como a clássica, a neoclássica e a marginalista – consideram o lucro uma remuneração do capital. Para o marxismo, o lucro é uma forma de mais-valia que resulta na apropriação de uma parte do valor criado pelos trabalhadores.[1]

2. **Lucro líquido**: é o resultado da subtração do lucro bruto da quantia correspondente à depreciação do capital fixo (como máquinas e equipamentos) e das despesas financeiras (como pagamento de juros de empréstimos). Uma parcela do lucro líquido pode ser destinada em dinheiro para a retirada dos sócios (em empresas individuais) ou em dividendos (em SA). Outra parcela pode ser destinada a aumentar o capital da empresa em um fundo de reserva.[2]

 Acesse conteúdo sobre **Aumentar a receita ou reduzir a despesa** na seção *Tendências em GF* 1.1

O ambiente de negócios pode envolver situações de:[3]

- **Certeza**: quando as variáveis são conhecidas e a relação entre a ação e sua consequência é determinística.
- **Risco**: quando as variáveis são conhecidas e a relação entre a consequência e a ação é conhecida em termos de probabilidade.
- **Incerteza**: quando as variáveis são conhecidas, mas as probabilidades para avaliar a consequência de uma ação são desconhecidas ou então não são determinadas com algum grau de certeza.

Assim, **risco** significa a possibilidade de perigo, algo incerto, porém previsível e que ameaça de dano alguém ou uma empresa. Há uma recorrente e constante disputa entre lucro e risco. Quanto maior o lucro desejado, maior o risco enfrentado. A incerteza e o risco devem ser sempre levados em conta no processo de decisão sobre investimentos financeiros. Ao tomar uma decisão de investir, uma empresa ou um investidor sempre procura a carteira de ativos que proporcione retornos mais rápidos com os menores riscos quanto ao futuro. Uma carteira é um conjunto de ativos, enquanto um ativo é um conjunto de bens ou créditos que constituem o patrimônio de uma empresa. Um ativo é o que se possui, enquanto um passivo é aquilo que se deve. O segredo está em maximizar não o lucro no curto prazo, mas a riqueza da empresa no longo prazo. É possível reduzir certas despesas e diferir custos elevados de um novo equipamento ou, ainda, despedir empregados mais produtivos e com salários maiores. No entanto, isso não aumenta a riqueza da empresa; apenas reduz despesas e compromete a rentabilidade futura.

1.3.4 Utilização ou destinação do lucro líquido da empresa

Uma decisão importante da GF é como utilizar ou destinar o lucro líquido obtido pela empresa após seu exercício fiscal. Ou seja, qual é o destino a ser dado aos recursos financeiros gerados pelas atividades operacionais ou extraoperacionais da empresa. De um lado, o lucro pode ser retido pela empresa e se constituir em uma das suas fontes de recursos ou pode ser distribuído aos proprietários ou acionistas na forma de dividendos. Ou, então, definir qual proporção dele será retida pela empresa e qual será distribuída entre os acionistas. Essa decisão deve ser tomada a partir da alternativa de investimento cujo retorno seja superior ao que os proprietários poderiam conseguir se eles mesmos aplicassem os recursos recebidos em decorrência da distribuição dos lucros. Os riscos envolvidos nas aplicações disponíveis para a empresa e para os proprietários também precisam ser levados em conta. Daí o íntimo relacionamento entre investimento, financiamento e utilização do lucro líquido.

1.4 GRUPOS DE INTERESSES NA EMPRESA

Geralmente, surge a seguinte pergunta: afinal, para quem a empresa trabalha? Quem é seu principal ou principais beneficiários? Toda empresa envolve uma diversidade enorme de grupos de interesses que atuam direta ou indiretamente nela e esperam obter benefícios dela. São públicos estratégicos que influenciam poderosamente as operações e os resultados da empresa e que têm interesses diretos ou indiretos em seus resultados. Estamos falando de *shareholders* e *stakeholders*.

- **Shareholders**: o principal objetivo de uma empresa capitalista sempre foi de produzir lucro para seus proprietários ou acionistas. Esse é o conceito de *shareholder*: pessoa, grupo ou organização que detém o capital de uma empresa. Assim, as decisões globais da empresa sobre o que, quanto e como produzir se baseiam no critério de aumentar o lucro do capital investido. A taxa de lucro – a relação entre o lucro líquido e o capital – mostra em que grau a empresa atinge tal objetivo para oferecê-lo aos *shareholders,* seja como participação no resultado empresarial, seja como retorno do investimento em termos de dividendos. O balanço contábil e as demonstrações financeiras sempre constituíram os meios de avaliação sobre o desempenho financeiro da empresa e de tomada de decisão sobre investimentos a serem nela efetuados.

■ *Stakeholders*: contudo, recentemente, uma nova e mais ampla abordagem está sendo colocada em prática – o modelo *stakeholder* – para privilegiar todos os grupos de interesses que contribuem direta ou indiretamente para o sucesso da empresa em maior ou menor grau. Os *stakeholders* são pessoas, grupos ou organizações que têm interesses diretos ou indiretos na empresa. Alguns deles são internos – como os proprietários, o presidente, os diretores, os gerentes, os funcionários da empresa –, enquanto outros são externos – como acionistas, investidores, clientes e consumidores, fornecedores, órgãos reguladores, sindicatos, a comunidade, a sociedade, o governo etc.

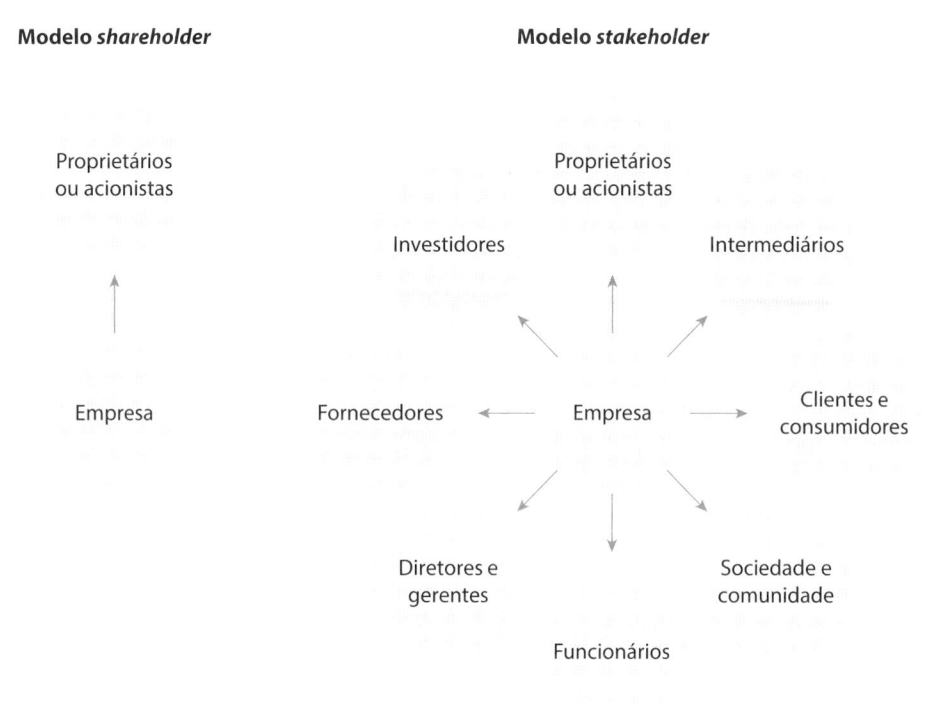

Figura 1.6 Modelo *shareholder* e modelo *stakeholder*.

Na verdade, cada grupo de interesses contribui com alguma parcela para o êxito empresarial na expectativa de obter retornos desse relacionamento. O balanço social constitui a melhor demonstração de resultados para esse variado público.

Quadro 1.2 Investimentos efetuados e retornos esperados de cada *stakeholder*

Stakeholders	Fazem investimentos	Para obter retornos
Proprietários	Investem com dinheiro	Lucro, sobrevivência, desenvolvimento do negócio, aumento da riqueza
Acionistas	Fazem aplicações	Dividendos, sobrevivência, desenvolvimento, aumento das aplicações

(continua)

(continuação)

Stakeholders	Fazem investimentos	Para obter retornos
Diretores	Planejam e tomam decisões	Reconhecimento e incentivos financeiros
Funcionários	Esforço, trabalho, dedicação	Salários, benefícios e incentivos financeiros
Clientes	Adquirem produtos ou serviços	Satisfação de necessidades, utilidade e qualidade
Comunidade	Proporciona condições de operacionalidade	Responsabilidade social, ética e cuidados ecológicos

Está havendo nas empresas uma gradativa transferência do modelo *shareholder* – preocupado em atender apenas às expectativas dos proprietários e acionistas – para o modelo *stakeholder* – preocupado em atender aos demais grupos de interesse e manter com eles um relacionamento impecável para atender às suas múltiplas expectativas. Isso significa que o processo decisório da empresa passa a acomodar outros interesses além dos proprietários e acionistas, até então monopolizadores dos objetivos empresariais. Em outras palavras, a cada exercício anual, a riqueza gerada pela empresa passa a ser distribuída de maneira proporcional aos diferentes *stakeholders* envolvidos no sucesso do negócio. Assim, a distribuição dos resultados alcançados pela empresa é feita de maneira proporcional à contribuição recebida entre os *shareholders* e os *stakeholders* de maneira direta – paga por meio de dividendos aos acionistas, bônus aos administradores, prêmios e benefícios aos funcionários – ou de maneira indireta – novos contratos de compra aos fornecedores, maiores vantagens e condições de compra aos clientes e consumidores, melhorias no contrato coletivo com sindicatos, benefícios para a comunidade próxima à empresa, melhorias no entorno ecológico etc. Todos esses diferentes retornos dos resultados organizacionais representam a maneira pela qual a empresa assume responsabilidades financeira, social e ambiental. Além disso, reforça e incentiva a continuidade desses relacionamentos.

1.5 ESTRUTURA ORGANIZACIONAL DA GESTÃO FINANCEIRA

Algumas áreas da empresa – principalmente Produção e Comercialização – podem ser descentralizadas ou espalhadas geograficamente para aproveitar a proximidade dos recursos naturais e dos mercados consumidores. Muitas empresas possuem fábricas distribuídas por várias regiões para economizar transporte de MP e PA e mantêm filiais de vendas dispersas geograficamente para melhor cobertura mercadológica e aproximação dos clientes. Contudo, a área financeira costuma ser centralizada na matriz para melhor controle financeiro e obtenção de economias de escala na busca e na aplicação de recursos financeiros. É o lema de centralizar o controle – no caso a controladoria – e descentralizar as operações.

A centralização da GF também é motivada pelo fato de que quase todas as decisões vitais da empresa são tomadas sob o aspecto financeiro. Por isso, a GF quase sempre é uma diretoria subordinada diretamente ao diretor-presidente da empresa.

As principais atribuições da GF podem ser desdobradas em três aspectos:

1. **Obter recursos financeiros**: para que a empresa possa funcionar ou expandir suas atividades. A obtenção de recursos financeiros pode ser feita no mercado de capitais, seja por meio de aumento de capital, financiamento ou condições de pagamento aos fornecedores, empréstimos bancários etc.

2. **Utilizar recursos financeiros**: para as operações da empresa, nos vários setores e áreas de atividade, como compras de MP, aquisição de máquinas e equipamentos, pagamento de salários etc.

3. **Aplicar recursos financeiros excedentes**: em aplicações no mercado de capitais ou no mercado monetário, aquisição de imóveis ou terrenos etc.

Para cumprir essas três atribuições principais, isto é, para obter, utilizar e aplicar recursos financeiros, a GF costuma apresentar uma estrutura organizacional conforme a Figura 1.7.

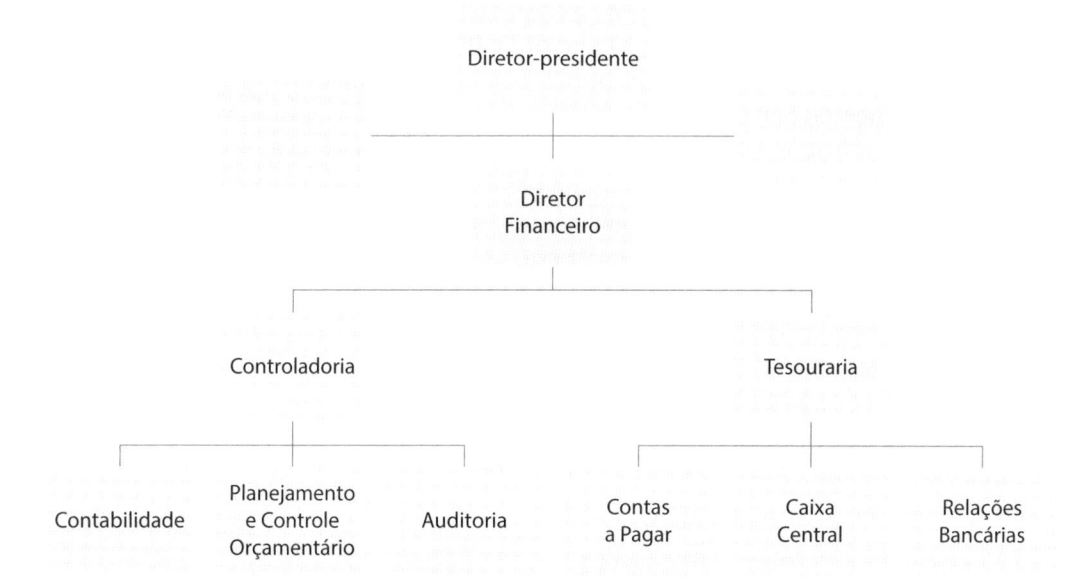

Figura 1.7 Estrutura organizacional da área financeira.

A estrutura organizacional da área financeira representada na Figura 1.7 desempenha múltiplas funções, que vão desde o planejamento e controle financeiro até a obtenção, utilização e aplicação de recursos financeiros. De um lado, a GF se baseia em uma Controladoria para lhe fornecer controles e informações por meio da Contabilidade, do Controle Orçamentário e da Auditoria. De outro lado, a GF requer uma Tesouraria para lhe permitir meios de obtenção e utilização de recursos financeiros, como Relações Bancárias, Contas a Pagar e Caixa. Os aspectos relacionados à aplicação (investimentos) de recursos financeiros são geralmente tratados ao nível de diretoria. Para melhor apresentar as funções da área financeira, faremos, a seguir, uma rápida explanação dos setores de Controladoria e Tesouraria, as duas áreas básicas da GF.

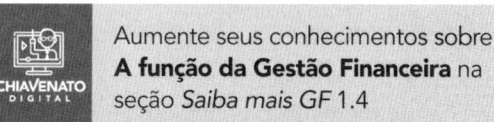

Aumente seus conhecimentos sobre **A função da Gestão Financeira** na seção *Saiba mais GF* 1.4

1.5.1 Controladoria

A Controladoria constitui um órgão de *staff* da GF. Em outras palavras, a Controladoria é o órgão que assessora a Administração Financeira (AF) para lhe proporcionar os controles e as informações básicas para seu funcionamento. A Controladoria representa o setor da GF que efetua os controles contábeis e proporciona os meios de informações para a tomada de decisões. A Controladoria é, geralmente, constituída dos seguintes órgãos: Contabilidade, Planejamento e Controle Orçamentário e Auditoria. Vejamos rapidamente as funções de cada um desses órgãos.

1.5.1.1 Contabilidade

É comum considerar-se a função financeira e função contábil uma só, pelo fato de existir entre ambas uma relação íntima. Na realidade, a Contabilidade será aqui entendida como um insumo básico para a função financeira, estando subordinada a ela como uma subfunção.

A Contabilidade cuida de classificação, registro e análise de todas as transações realizadas por uma empresa ou órgão público, proporcionando uma avaliação constante da situação econômico-financeira. Seu objetivo é o patrimônio econômico, permitir o controle, bem como oferecer um sistema de avaliação por meio de informações precisas aos administradores, investidores, credores e ao público em geral. Cobre todos os aspectos empresariais ou públicos que possam ser expressos por números, como o ativo (propriedade), o passivo (dívidas), as receitas e despesas, os lucros e perdas e os direitos de investidores.[4]

A Contabilidade proporciona os dados e controles para avaliar o desempenho da empresa e guiar as atividades da GF. O contador utiliza princípios padronizados para preparar as demonstrações financeiras e o Balanço Patrimonial, enquanto o administrador financeiro analisa as receitas e despesas como entradas e saídas de caixa. Nesse sentido, a Contabilidade representa a principal fonte de dados internos para guiar as atividades da GF.

A finalidade da Contabilidade é registrar os fatos já ocorridos para orientar as decisões financeiras que são projetadas para o futuro. A GF utiliza os dados contábeis para elaborar projeções.

A importância da Contabilidade está no fato de servir de base para as decisões financeiras que devem ser tomadas pela empresa.

1.5.1.2 Planejamento e Controle Orçamentário

O órgão de Planejamento e Controle Orçamentário coordena com os demais órgãos da empresa a montagem dos respectivos orçamentos de despesas e seu acompanhamento e controle ao longo do exercício anual, para verificar se as despesas orçadas estão sendo realizadas adequadamente.

A finalidade do Planejamento e Controle Orçamentário é assessorar todos os órgãos da empresa na montagem dos orçamentos departamentais e monitorar sua execução, apontando os desvios, principalmente quando as despesas realizadas excedem demais o que foi orçado. A importância do órgão de Planejamento e Controle Orçamentário está no planejamento de todas as despesas departamentais e no controle de sua execução, permitindo correções ao longo do exercício anual.

1.5.1.3 Auditoria

O órgão de Auditoria é de controle e verificação dos procedimentos contábeis executados não só pela Contabilidade, mas por todos os órgãos da empresa envolvidos nesses procedimentos. Na realidade, os diversos órgãos da empresa realizam operações que são classificadas e lançadas pela Contabilidade: aquisição de MP pelo órgão de Compras, seu recebimento pelo Almoxarifado, as requisições pelo órgão de Produção, a folha de pagamento do órgão de Recursos Humanos (RH) etc. Todas essas operações precisam ser confiáveis. Cabe à Auditoria a revisão e a verificação das informações sobre operações e procedimentos executados por todos os órgãos envolvidos no processo de contabilização.

A finalidade da Auditoria é dupla: de um lado, impõe confiabilidade aos procedimentos contábeis e às informações prestadas e, de outro lado, presta um serviço de ensino e educação profissional, ao indicar como os procedimentos devem ser executados, a fim de evitar erros ou enganos. Trata-se aqui de uma função pedagógica.

A importância da Auditoria reside no fato de funcionar como uma sentinela sempre alerta aos possíveis erros ou distorções que podem ocorrer nos procedimentos contábeis da empresa.

1.5.2 Tesouraria

O setor de Tesouraria representa o órgão de linha da GF. Isso significa que a Tesouraria é o órgão que procura atingir os objetivos básicos da GF. Em outros termos, é a Tesouraria o órgão que obtém e utiliza os recursos financeiros. É por intermédio dela que os recursos financeiros ingressam, são utilizados por meio do pagamento das contas e aplicados em investimentos internos ou externos.

A Tesouraria engloba as atividades que compreendem o uso do dinheiro, sua manipulação e a posse efetiva de fundos. Para proceder a essas atividades, a Tesouraria mantém contato com o público externo: as empresas fornecedoras de materiais, as empresas fornecedoras de serviços, os clientes, os bancos e as entidades financeiras, os órgãos governamentais etc.

1.5.2.1 Relações Bancárias

Como o próprio nome indica, o órgão de Relações Bancárias tem como função básica o relacionamento com bancos e instituições financeiras, tanto para a obtenção de empréstimos ou financiamentos externos quanto para a utilização das contas bancárias e, ainda, para aplicação de excedentes financeiros a fim de obter rentabilidade e liquidez em fundos que poderiam permanecer inativos.

A finalidade do órgão de Relações Bancárias é manter um intercâmbio com bancos e instituições financeiras capazes de proporcionar um relacionamento que garanta à empresa a captação de recursos financeiros no curto, médio e longo prazos.

A importância do órgão de Relações Bancárias reside na manutenção de um nível de aplicações excedentes de caixa, de um lado e, de outro lado, na captação de financiamentos bancários de curto prazo para a cobertura de insuficiências de caixa e na tomada de recursos financeiros a médio e longo prazos para as operações da empresa.

1.5.2.2 Contas a Pagar

É o órgão incumbido do planejamento e da execução de todas as contas a serem pagas, no curto, médio e longo prazos. O órgão de Contas a Pagar prepara e agenda todas as contas e duplicatas a serem pagas pela empresa, estabelecendo as importâncias e as datas de pagamento. Em muitos casos, consulta os contratos firmados para confirmar as condições de pagamento, verifica os possíveis descontos para pagamento antecipado, calcula os índices de correção monetária, para que as contas e as duplicatas sejam pagas de forma correta ou adequada aos interesses da empresa.

A finalidade do órgão de Contas a Pagar é garantir a execução do pagamento das contas e dívidas da empresa, dentro dos prazos e condições previamente estabelecidas.

A importância do órgão de Contas a Pagar é evidente: as contas, as dívidas e os tributos da empresa precisam ser pagos pontualmente e nas condições acordadas, para que a empresa não sofra prejuízos.

1.5.2.3 Caixa

É o órgão incumbido da efetivação dos pagamentos e da liquidação de dívidas, bem como dos recebimentos das receitas da empresa. Tanto a saída quanto a entrada de dinheiro da empresa são efetuadas por meio do Caixa. Isso significa que as despesas saem e as receitas entram pelo Caixa. Em outros termos, o Caixa paga despesas e recebe receitas da empresa.

A finalidade do Caixa é, portanto, processar as entradas e as saídas de dinheiro, por meio do recebimento das receitas e do pagamento das despesas. Para que o nível de dinheiro no Caixa não fique muito elevado (proporcionando perdas pelo dinheiro parado) nem fique muito baixo (impossibilitando o pagamento pontual das despesas), torna-se necessário um planejamento de caixa que permita um volume mínimo de dinheiro capaz de honrar os compromissos da empresa nas datas de vencimento.

A importância do Caixa está no fato de por ali serem processados os recebimentos e os pagamentos da empresa. O Caixa é o ponto de trânsito de todo o dinheiro que entra e sai da empresa.

1.6 ÁREAS DE DECISÃO

A GF envolve uma infinidade de decisões que são tomadas cotidianamente sobre o que fazer com os recursos financeiros que porventura sobram, como utilizar adequadamente os recursos disponíveis e o que fazer para obter recursos adicionais em caso de insuficiência temporária. O papel da GF é proporcionar à empresa os recursos financeiros necessários às suas operações, aplicando as sobras e captando as faltas. Assim, a GF é responsável por três áreas distintas de decisão:

1. Decisões quanto à captação de recursos financeiros externos no mercado e avaliação dessa captação.
2. Decisões quanto à utilização de recursos financeiros nas operações cotidianas da empresa e avaliação dessa utilização.
3. Decisões quanto à aplicação de recursos financeiros, seja no mercado, seja em novos negócios ou em outros investimentos.

Figura 1.8 Áreas de decisão da GF.

A Figura 1.9 permite uma visão simplificada dessas três áreas de decisão da GF, mostrando as diversas entradas e saídas de recursos financeiros da empresa e sua destinação.

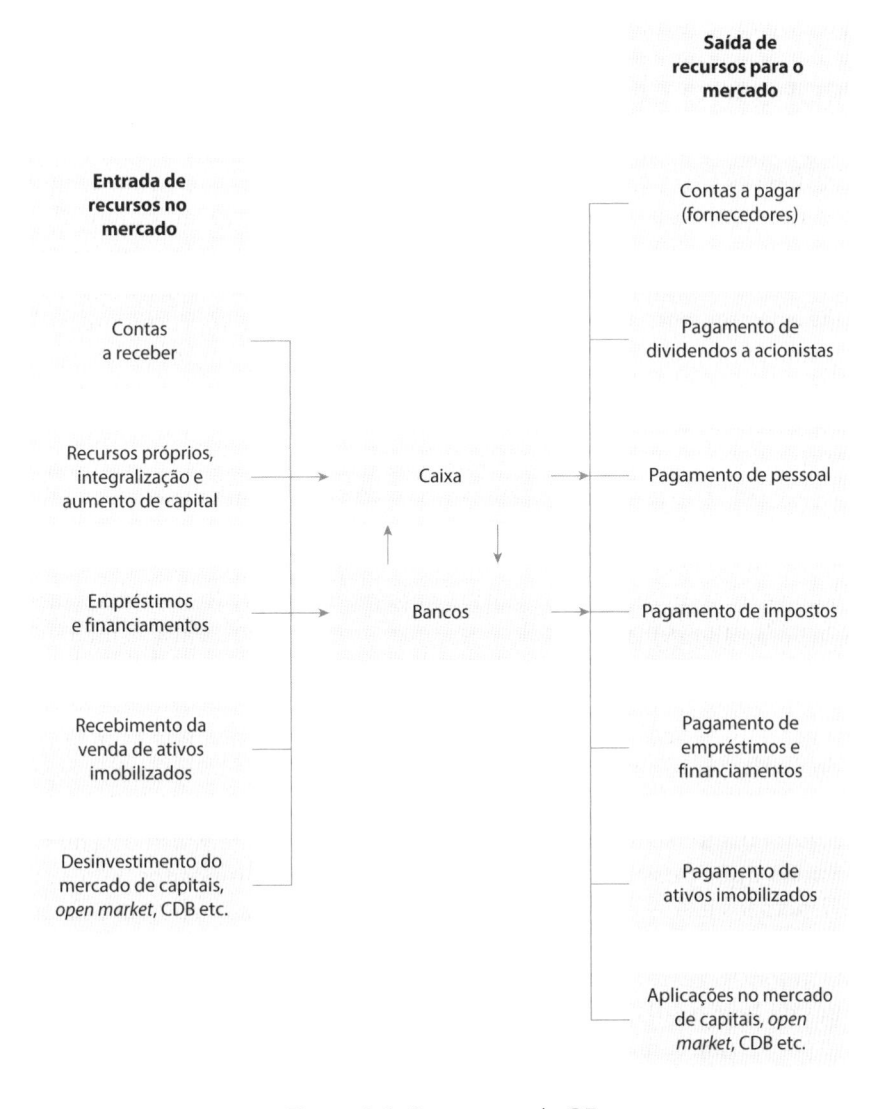

Figura 1.9 O processo de GF.

Esse processo da GF, sumarizado na Figura 1.9, é cíclico e repetitivo. Isso significa que o fluxo de fundos na empresa precisa ser constantemente monitorado e avaliado para que a rentabilidade e a liquidez sejam continuamente preservadas.

1.7 RELATÓRIOS DE INFORMAÇÕES FINANCEIRAS

Vimos que a GF – por meio do diretor financeiro, gerente financeiro, tesoureiro ou qualquer outra denominação que tenha o executivo da área – tem por finalidade obter, utilizar e aplicar os recursos financeiros da empresa, alcançando índices elevados de rentabilidade e de liquidez. Para tanto, a GF deve analisar e avaliar a maneira como os recursos financeiros são obtidos, utilizados e aplicados pelas diversas áreas e setores de atuação da empresa, para que a rentabilidade e a liquidez não sejam prejudicadas. Para tanto, torna-se necessária a preparação de relatórios de informações financeiras. Esses relatórios serão discutidos ao longo dos capítulos seguintes.

1.8 O PROPÓSITO CONVIVE COM O LUCRO?

A Era Digital trouxe diversos avanços tecnológicos para a humanidade. O uso da IA, a Internet das Coisas (IoT) e o uso da tecnologia 5G são alguns exemplos que estão e irão propiciar muitas transformações na sociedade e, em particular, no mundo do trabalho. Novas funções e profissões irão surgir, outras terão que se reinventar e muitas poderão desaparecer. Todavia, essa nova Era está trazendo consigo uma mudança de comportamento da sociedade e do ambiente corporativo. O comportamento dos consumidores passa por alterações. Começam a questionar como é produzido determinado produto, se houve trabalho infantil, se determinado produto tem origem em algum desmatamento ilegal, se a empresa contribui para a sustentabilidade socioambiental, como a empresa trata seus funcionários, e assim por diante.

Além disso, o perfil do jovem que entra para o mercado de trabalho começa a mudar. Eles passam a procurar empresas onde o trabalho lhe faça sentido. Questionam qual impacto positivo que a empresa está oferecendo para a sociedade e ao meio ambiente.

Essa mudança de comportamento está gerando mudanças na forma de pensar e agir das organizações. Os valores organizacionais passam a ser revistos. Para se manter competitiva, não basta a empresa possuir a melhor tecnologia que essa nova Era pode propiciar, é preciso engajar e manter engajados não somente seus colaboradores, mas os *stakeholders* de uma forma geral. Nesse contexto, uma mudança que vem permeando as organizações é a definição do motivo de sua existência, ou seja, qual seu propósito. Será que a empresa existe somente para propiciar lucro para seus acionistas, sócios ou proprietários?

Uma pesquisa demonstrou que as ações de 18 empresas listadas na bolsa de valores dos Estados Unidos e que possuem como prática declarar seus propósitos, atuar com remuneração e benefícios justos para seus funcionários, prezar pela qualidade nos serviços aos clientes e agir fortemente com investimento na comunidade e no meio ambiente, tiveram um desempenho 10,5 vezes superior do que o índice S&P 500 (das principais 500 empresas), entre os anos de 1996 e 2011.

Um novo paradigma começa a transformar o pensamento estratégico das organizações: o propósito deve vir antes do lucro. E, assim, um novo pensar para a GF, que deve considerar, junto com as demais áreas da empresa, como gerar mais resultados a partir do propósito.

Larry Fink, *Chief Executive Officer* (CEO) da BlackRock, uma das maiores empresas de investimentos do mundo, anualmente divulga uma carta aberta direcionada aos executivos de outras organizações, contendo o pensamento da empresa. Há anos, Larry Fink vem chamando a atenção dos executivos que desejam gerar valores duradouros para suas empresas, priorizando temas como gestão de capital, estratégias de longo prazo, **propósito** e **mudanças climáticas**. Fink complementa que os valores duradouros e sustentáveis devem ser gerados para todos os *stakeholders*, ou seja, sociedade, clientes, funcionários, fornecedores etc.

Na Era Industrial, o que prevalecia era o lucro pelo lucro. Atualmente, na Era Digital, o que passa a dominar é a visão para o propósito antes do lucro. A pressão da sociedade para a preservação do meio ambiente e a melhoria da qualidade de vida, além de organismos como a Organização das Nações Unidas (ONU), com programas como o Pacto Global e os 17 Objetivos de Desenvolvimento Sustentável (ODSs), sem contar a pressão da ESG (sigla inglesa de *environmental, social and governance* ou ambiental, social e governança, em português), que é utilizada para medir as práticas ambientais, sociais e de governança de uma empresa, estão mudando a forma das empresas olharem para as ações de impacto social e ambiental. Dados da consultoria Boston Consulting Group (BCG) revelam que empresas que investem em ESG conquistam maior lucratividade e melhor valor de mercado.

Portanto, esse é um novo paradigma, não somente para a GF, mas para a empresa como um todo: gerar lucros, mas considerar antes seu impacto socioambiental por meio de um propósito maior.

QUESTÕES PARA REVISÃO

1. O que é lucro?
2. Quais as formas jurídicas das empresas?
3. Defina firma individual.
4. Descreva as vantagens e as desvantagens da firma individual.
5. Defina sociedades de pessoas.
6. Quais são os tipos de sociedades de pessoas?
7. Descreva as vantagens e as desvantagens das sociedades de pessoas.
8. Defina sociedade anônima.
9. Descreva as vantagens da sociedade anônima.
10. Descreva as desvantagens da sociedade anônima.
11. Defina recursos.
12. Descreva os recursos empresariais e dê exemplos.
13. Descreva os fatores de produção.
14. Faça uma correlação entre os recursos empresariais e os fatores de produção.
15. Explique como são administrados os recursos empresariais.
16. Defina recursos financeiros.
17. Conceitue GF.
18. Explique os dois objetivos principais da GF: a rentabilidade e a liquidez.

19. Explique as atribuições da GF.
20. Exponha a estrutura organizacional da área financeira.
21. O que é Controladoria e qual é sua composição?
22. Quais são as funções do órgão de Contabilidade?
23. Qual é a finalidade e a importância do órgão de Contabilidade?
24. Quais são as funções do órgão de Controle Orçamentário?
25. Quais são a finalidade e a importância do órgão de Controle Orçamentário?
26. Quais são as funções do órgão de Auditoria?
27. Quais são a finalidade e a importância do órgão de Auditoria?
28. O que é a Tesouraria e qual é sua composição?
29. Quais são as funções do órgão de Relações Bancárias?
30. Quais são a finalidade e a importância do órgão de Relações Bancárias?
31. Quais são as funções do órgão de Contas a Pagar?
32. Quais são a finalidade e a importância do órgão de Contas a Pagar?
33. Quais são as funções do órgão de Caixa?
34. Quais são a finalidade e a importância do órgão de Caixa?
35. Quais são as três áreas de decisão da GF?
36. Descreva o processo cíclico e repetitivo da GF.
37. Explique os relatórios de informações financeiras.

REFERÊNCIAS

1. SANDRONI, P. (org.). *Dicionário de administração e finanças*. São Paulo: Best Seller, 2003. p. 290-291.
2. SANDRONI, P. (org.). *Dicionário de administração e finanças, op. cit.*, p. 291.
3. CHIAVENATO, I. *Introdução à Teoria Geral da Administração*: uma visão abrangente da moderna administração das organizações. 10. ed. São Paulo: Atlas, 2020. p. 242.
4. SANDRONI, P. (org.). *Dicionário de administração e finanças, op. cit.*, p. 91.

2 MERCADO FINANCEIRO

O QUE VEREMOS ADIANTE

- Sistema financeiro nacional (SFN).
- Mercado financeiro.
- Mercado monetário.
- Mercado de capitais.
- Banco de investimentos.
- Mercado financeiro internacional.
- Financiamento: conceito e classificação.

Desde sua criação, as empresas precisam de fundos, que podem ser utilizados tanto para manter a sustentabilidade quanto para prover investimentos. Esses fundos podem ser obtidos em uma instituição financeira ou no mercado financeiro. Os principais clientes das instituições financeiras são os indivíduos e as empresas. Mas como isso funciona? Tanto as pessoas quanto as empresas depositam fundos nessas instituições, porém o que difere é que as empresas captam mais recursos do que poupam. Quais são essas instituições? Geralmente, são representadas por bancos comerciais, cooperativas de crédito, caixas econômicas, fundos de pensão e fundos de investimento. Quando a empresa ou pessoa física capta um fundo de uma instituição financeira, fora do mercado financeiro, os poupadores não ficam sabendo das aplicações realizadas pela instituição. Todavia, quando a transação ocorre no mercado financeiro, o destino do empréstimo ou da aplicação é conhecido. Neste capítulo, você vai entender os conceitos de tipos de mercado que coexistem no mercado financeiro. Os dois mercados básicos são o monetário e o de capitais. As transações das dívidas de curto prazo ou títulos negociáveis são negociadas no mercado monetário; já no mercado de capitais, são negociados os títulos de longo prazo, como obrigações e ações. Conhecer mais a fundo os tipos de mercado e captação de fundos é fundamental para o gestor financeiro.

INTRODUÇÃO

As empresas não existem no vácuo nem são absolutas. Elas estão inseridas em um meio ambiente, do qual fazem parte e de que dependem para funcionar e existir. É nesse ambiente de negócios dinâmico, mutável e complexo que existem os mercados. A palavra **mercado** servia, antigamente, para indicar o local físico onde as pessoas se reuniam para efetuar transações e negócios, isto é, para vender e comprar mercadorias ou serviços. Modernamente, mercado significa mais do que simplesmente um local físico. A palavra **mercado** pode abranger uma comunidade, uma região, um país, um continente ou o mundo inteiro, de acordo com o assunto a ser tratado. Além do aspecto espacial, que acabamos de ver, o mercado é fortemente influenciado pelo aspecto tempo: o mercado de sorvetes em qualquer lugar se comporta de uma maneira no verão e de outra no inverno. O mercado de trabalho é mais tranquilo no primeiro trimestre de cada ano e se torna mais agitado e dinâmico no último trimestre. Assim, o mercado se diferencia no espaço e no tempo.

O mercado envolve transações entre vendedores (que oferecem bens ou serviços) e compradores (que procuram bens ou serviços), isto é, entre oferta e procura de bens ou serviços. Na verdade, a maioria das empresas compra insumos para vender os resultados de suas operações na forma de produtos, serviços, informação ou entretenimento. O jogo está no mercado. De acordo com a oferta e a procura, o mercado pode se apresentar em três situações:

1. **Equilíbrio**: quando a oferta é igual à procura. Nessa situação, os preços tendem a se estabilizar.

2. **Oferta**: quando a oferta é maior do que a procura. Os vendedores são muitos e os compradores são poucos, fazendo com que os preços tendam a cair devido à competição entre os vendedores. A oferta de bens ou serviços é maior do que a procura por eles.

3. **Procura**: quando a procura é maior do que a oferta. Os compradores são muitos e os vendedores são poucos, fazendo com que os preços subam. Nessa situação, os preços tendem a aumentar devido à competição entre os compradores, pois a procura por bens ou serviços é maior do que a oferta existente.

É óbvio que cada situação requer uma postura diferente da Gestão Financeira (GF) quanto a investimentos, critérios e condições de preço, retornos esperados, relações com fornecedores, bancos, credores e investidores, como veremos mais adiante.

Existem vários tipos de mercado: mercado financeiro, mercado agrícola, mercado consumidor, mercado de trabalho, mercado de mão de obra etc.

Neste capítulo, trataremos do mercado financeiro. É no mercado financeiro que são feitas as transações entre aqueles que oferecem e aqueles que demandam fundos, isto é, entre os fornecedores e os tomadores de fundos. Antes disso, porém, trataremos do Sistema Financeiro Nacional (SFN), que constitui a rede de instituições financeiras que regula e opera o mercado financeiro.

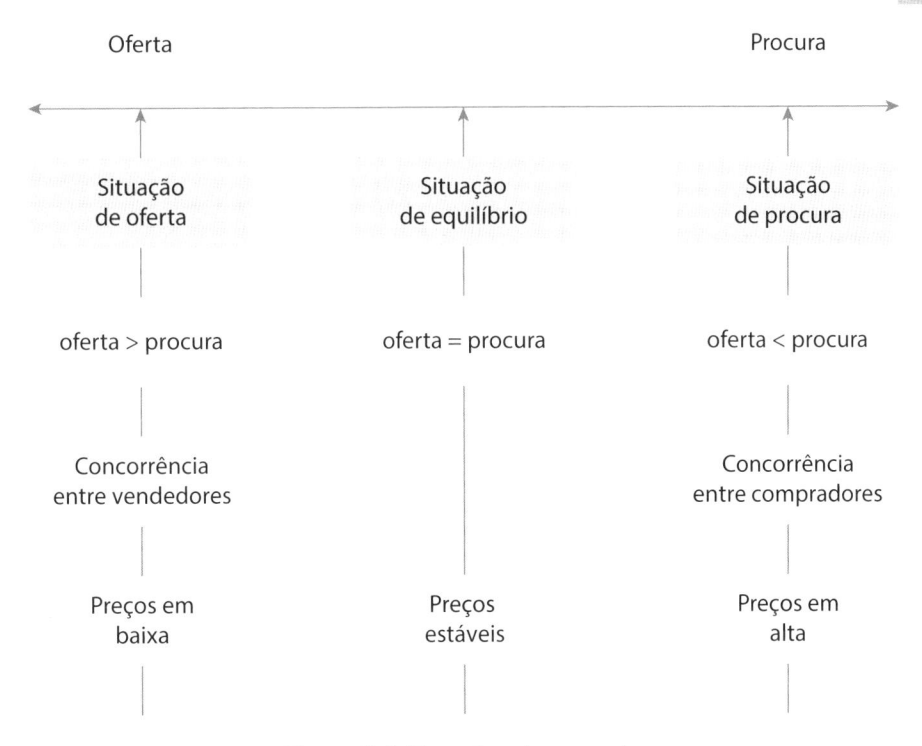

Figura 2.1 Situações do mercado.

2.1 SISTEMA FINANCEIRO NACIONAL

No Brasil, o mercado financeiro é regulado, controlado e operado pelo SFN, que é um conjunto de instituições financeiras envolvidas na gestão da política monetária do governo, sob a orientação do Conselho Monetário Nacional (CMN). O SFN é composto de um subsistema normativo e de um subsistema operativo que atuam em conjunto.

2.1.1 Subsistema normativo

É o subsistema constituído das entidades que estabelecem as normas de funcionamento ou que controlam e regulam o funcionamento do sistema:

- Conselho Monetário Nacional (CMN).
- Banco Central do Brasil (Bacen).
- Comissão de Valores Mobiliários (CVM).
- Banco do Brasil S.A. (BB).
- Banco Nacional de Desenvolvimento Econômico e Social (BNDES).

A composição do subsistema normativo do SFN é retratada na Figura 2.2.

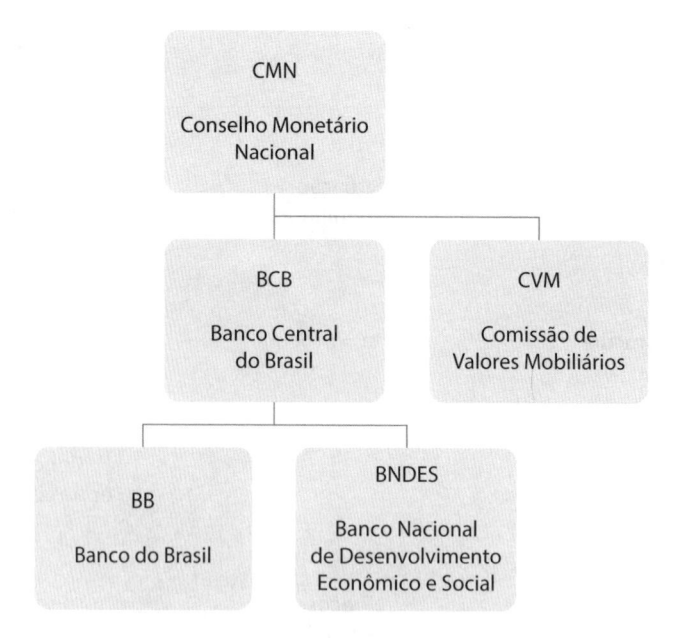

Figura 2.2 Subsistema normativo do SFN.

2.1.2 Subsistema operacional

É o subsistema constituído pelas instituições financeiras públicas e privadas que executa as operações e faz o sistema funcionar. Quanto à origem do capital, as instituições são chamadas públicas (como é o caso do Bacen, do BB, do BNDES, da Caixa Econômica Federal (CEF), das Caixas Econômicas Estaduais, dos Bancos Estaduais, sejam comerciais ou de desenvolvimento etc.) quando seu capital pertence ao governo federal ou estadual, e são chamadas privadas quando seu capital pertence à iniciativa particular.

O subsistema operativo pode ser subdividido em instituições financeiras bancárias e não bancárias.

1. **Instituições financeiras bancárias**: são as instituições que funcionam como bancos. Os bancos são instituições que operam com recursos financeiros, seja captando ou aplicando dinheiro, seja emprestando dinheiro ou crédito. Os bancos são classificados como empresas prestadoras de serviços. Assim, as instituições financeiras bancárias podem ser:
   a. Caixas econômicas.
   b. Bancos comerciais.
2. **Instituições financeiras não bancárias**: são as instituições que prestam serviços financeiros, como:
   a. Bancos de investimento.
   b. Bancos de desenvolvimento.
   c. Companhias de desenvolvimento.
   d. Sociedades de crédito, financiamento e investimento.
   e. Sociedades de crédito imobiliário.

f. Associações de poupança e empréstimo.

g. Companhias seguradoras.

h. Instituições financeiras auxiliares, como:

- Bolsas de valores.

- Sociedades corretoras.

- Sociedades distribuidoras.

- Agentes autônomos de investimento.

As instituições financeiras não bancárias podem tanto funcionar autonomamente, isto é, isoladas e independentes, quanto coligadas a conglomerados financeiros, como veremos adiante.

A composição do subsistema operacional do SNF é a apresentada na Figura 2.3.

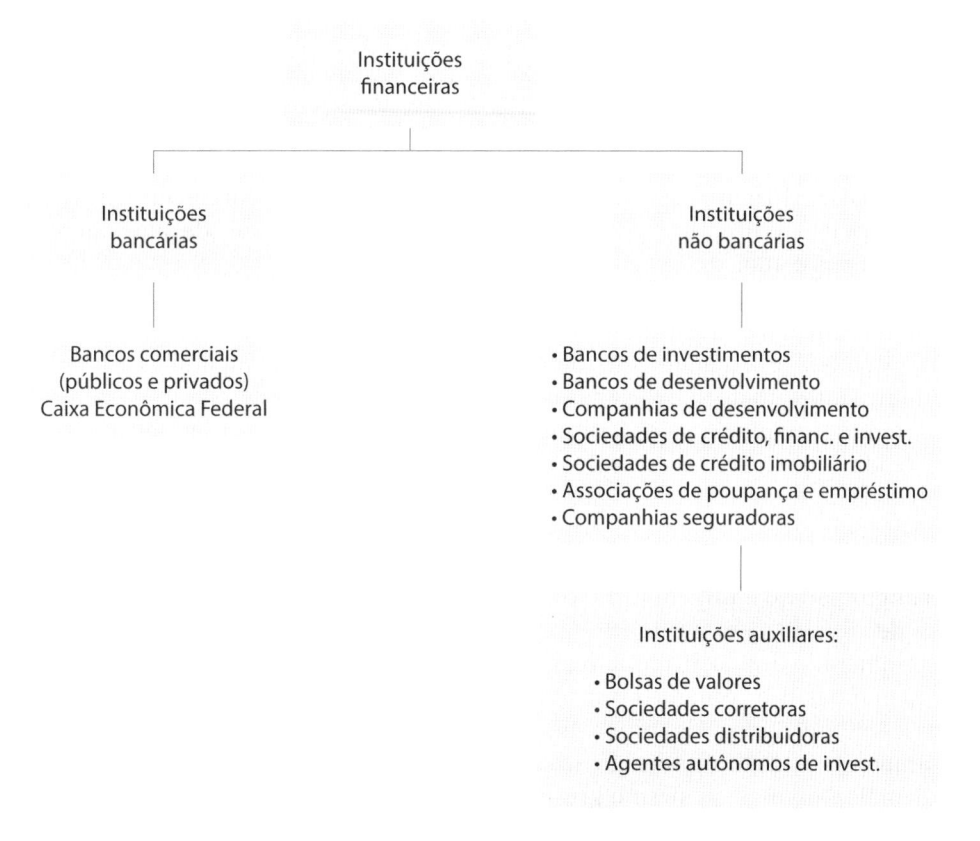

Figura 2.3 Subsistema operacional do SFN.

2.1.3 Subsistema monetário

O Bacen, o BB e os bancos comerciais públicos e privados constituem o chamado subsistema monetário, ou seja, o subsistema que tem poder de emitir moeda escritural (cheque). As demais entidades formam o chamado subsistema não monetário, pois não emitem moeda escritural. As caixas econômicas fazem o papel de banco comercial, pois emitem moeda escritural, mas costumam fazer parte do subsistema não monetário devido à predominância de atividades não monetárias.

2.1.4 Bancos comerciais

As instituições de maior destaque do SFN são os bancos comerciais. Constituem a porta principal de entrada ao sistema financeiro, pois são especializados em duas atividades principais:

1. **Depósitos à vista e descontos de curto prazo**: cujas atividades de depósitos e de descontos envolvem:
   a. Recebimento e guarda dos depósitos à vista.
   b. Venda de recibos de depósitos bancários.
   c. Empréstimos de curto prazo (para a indústria, o comércio, a agricultura e o público em geral).
   d. Recebimento de tributos e serviços de cobrança de títulos de terceiros, câmbio etc.
2. **Venda de crédito e serviços oferecidos**: quando o banco comercial é ligado a algum conglomerado financeiro, ele pode oferecer um leque de serviços diversificados, pois onde o banco comercial não pode atuar diretamente a solução é proporcionada por outra instituição à qual está associado. Nesse caso, o banco comercial, além de fazer operações de crédito, funciona muitas vezes como uma espécie de supermercado de serviços, tais como:
   a. Operações de financiamento de bens duráveis (por meio de sua sociedade de crédito, financiamento e investimento).
   b. Operações de arrendamento mercantil (por meio de sua companhia de *leasing*).
   c. Financiamento de imóveis (por meio de sua sociedade de crédito imobiliário).
   d. Compra e venda de ações (por meio de sua corretora de valores mobiliários).
   e. Venda de passagens e excursões turísticas (por meio de sua companhia de turismo).
   f. Venda de seguros diversos (por meio de sua companhia de seguros).
   g. Diversos serviços especializados que variam conforme o banco comercial e o conglomerado do qual faz parte.

O conglomerado é um conjunto de empresas coligadas que atuam em diferentes ramos de atividades, mas é controlado por um único grupo empresarial. Por sua vez, o conglomerado financeiro funciona como um supermercado de crédito e de serviços, enquanto o banco comercial funciona como o ponto de venda de todos esses serviços. Nesse sentido, os bancos comerciais desempenham o importante papel de aproximar as empresas coligadas e seus clientes, funcionando em uma posição de liderança junto às demais empresas do mesmo grupo. Nem todos os bancos comerciais estão ligados a conglomerados financeiros. A situação em que um banco comercial pode funcionar com maior agilidade e versatilidade ocorre quando um banco comercial atua como ponta de lança de algum conglomerado, pois pode oferecer soluções proporcionadas por um extenso leque de serviços diversificados de outras empresas coligadas.

Os bancos comerciais podem funcionar no atacado e no varejo: se o banco dirigir seus negócios ao atendimento de poucos clientes, mas com elevados valores, será um banco de atacado; se, porém, dirigir seus negócios ao público em geral e aceitar quaisquer valores de negócios, será um banco de varejo.

- **Banco de atacado**: é aquele que apresenta como política de negócios uma rígida seleção de seus clientes, sejam pessoas jurídicas ou físicas, que devem apresentar elevado saldo médio em conta-corrente, ou, ainda, tomadores de empréstimos em grandes volumes de capital. O banco de atacado apresenta rentabilidade maior devido aos menores custos na prestação de seus serviços.

- **Banco de varejo**: aceita clientes que mantenham qualquer valor em conta-corrente e que realizem operações sem um limite mínimo fixado, o que lhe proporciona um grande número de clientes, depositantes ou aplicadores e, para atendê-los, uma enorme quantidade de operações a tomadores de seus recursos. O banco de varejo requer uma extensa rede de agências capaz de lhe proporcionar economias de escala, em função da elevada quantidade de clientes. Esse atendimento intensivo utiliza muitos funcionários e altos custos de manutenção das contas-correntes e dos controles de operações de empréstimos. O banco de varejo proporciona a maior quantidade de serviços aos clientes.

Além dessa classificação, os bancos comerciais podem ser divididos em bancos nacionais e em bancos regionais, conforme a amplitude geográfica de seus negócios.

- **Bancos nacionais**: captam e aplicam seus recursos em todas as regiões do país, estendendo sua rede de agências nas praças de maior importância em todas as unidades da federação. Os bancos nacionais conseguem maior penetração territorial ao mesmo tempo em que movimentam recursos de uma região para outra, toda vez que ocorre excesso de recursos em uma região e escassez em outra. São bancos nacionais: o Banco Itaú, o Bradesco, o Banco Santander etc.

- **Bancos regionais**: são aqueles que obedecem como limite geográfico a manutenção de 90% de suas agências em três estados limítrofes, incluindo a sede e excluindo as agências de categoria especial (que são as de São Paulo e Rio de Janeiro) de acordo com o Bacen. Os bancos regionais permitem a aplicação dos recursos captados em benefício de sua própria região, proporcionando a regionalização do desenvolvimento econômico com os próprios recursos.

- **Bancos múltiplos**: representam a constituição em uma única instituição ou razão social de várias instituições que operam conjuntamente. O banco múltiplo deve ter de duas a quatro carteiras, entre as seguintes:
  - Banco comercial.
  - Banco de investimento.
  - Crédito direto ao consumidor (financeira).
  - Crédito imobiliário.
  - Carteira de fomento (banco de desenvolvimento), apenas no caso de conglomerados estaduais.

Não estão incluídas seguradoras, *leasing* e corretoras de valores. O banco múltiplo pode ser constituído por meio de fusão, cisão, incorporação ou transformação de instituições financeiras já existentes ou a constituição de novas. Os conglomerados financeiros já existentes têm a vantagem de apresentar as exigências de capital, capacitação técnica e idoneidade para constituir o banco múltiplo.

 Aumente seus conhecimentos sobre **SFN** na seção *Saiba mais GF 2.1*

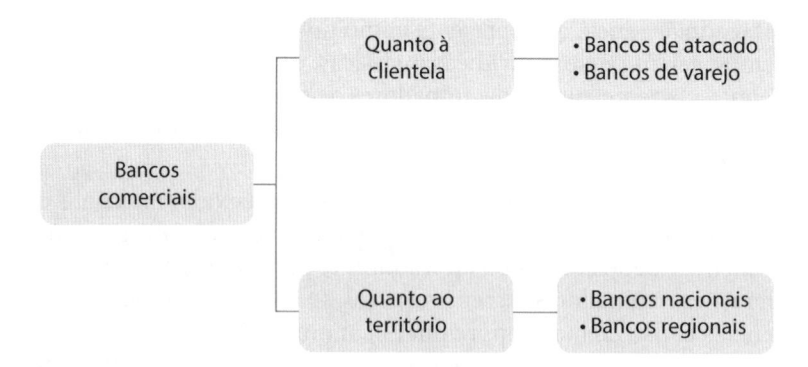

Figura 2.4 Classificação dos bancos comerciais.

2.2 MERCADO FINANCEIRO

No mercado financeiro, ocorre a oferta e a procura de recursos financeiros. É no mercado financeiro que se faz a captação ou a aplicação de recursos financeiros. A oferta de recursos financeiros é determinada pela poupança, pelo estágio de desenvolvimento econômico atingido pelo país e pela eficiência dos intermediários financeiros. A procura de recursos financeiros, por outro lado, é determinada pelas exigências de fundos pelas empresas que operam no mercado, como um todo, exigências essas que variam conforme o ramo de atividade e as características operacionais de cada ramo.

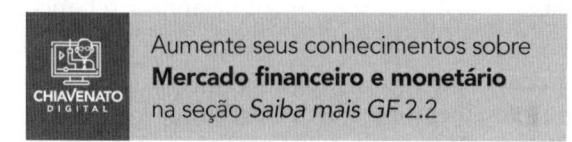

Aumente seus conhecimentos sobre **Mercado financeiro e monetário** na seção *Saiba mais GF 2.2*

Os recursos financeiros são obtidos e aplicados no mercado financeiro. O mercado financeiro proporciona a oportunidade para que os tomadores e os fornecedores de empréstimos e de investimentos de curto e longo prazos negociem entre si ou indiretamente por intermediários financeiros. Na realidade, o mercado financeiro permite a transferência de recursos poupados por certas unidades (como indivíduos, empresas e governo) para outras unidades que desejam investir e que têm oportunidades para tanto. Esses dois grupos de unidades compõem a oferta e a procura de recursos financeiros. Se os dois grupos de unidades pudessem negociar diretamente, teríamos a situação de transferência direta de recursos financeiros representada na Figura 2.5.

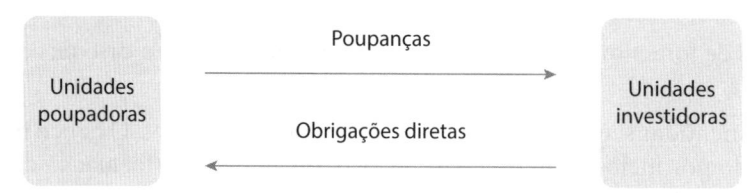

Figura 2.5 Transferência direta de recursos financeiros.

Como a transferência direta é bastante rara, surge a intermediação financeira para permitir a dinâmica do mercado financeiro. As unidades que desejam investir e procuram poupanças colocam seus títulos em intermediários financeiros, que lhes transferem recursos obtidos pela colocação de suas próprias obrigações diretas junto aos agentes poupadores, isto é, os agentes que oferecem poupanças. Dentro dessa situação de transferência indireta, um depósito pessoal a prazo fixo em um banco de investimento, por exemplo, é uma poupança, enquanto o certificado de depósito bancário é uma obrigação direta do banco de investimento para com o poupador. Esses recursos são emprestados a uma empresa por meio de um título emitido por ela, obrigando-se a pagá-los nas condições previstas. A poupança vai indiretamente a uma empresa por um intermediário financeiro. É a situação apresentada na Figura 2.6.

Figura 2.6 Transferência indireta de recursos financeiros.

O mercado financeiro permite a mobilização de recursos financeiros, dinamizando a economia e facilitando os investimentos. O mercado financeiro é constituído de dois tipos de mercado: o mercado monetário e o mercado de capitais. No mercado monetário, são feitas as transações por meio de instrumentos de dívida de curto prazo ou de títulos negociáveis. No mercado de capitais, são feitas as transações de títulos de longo prazo, como as ações e os debêntures.

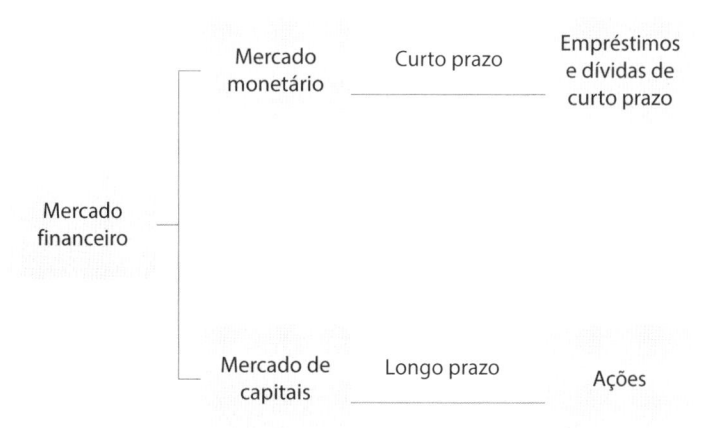

Figura 2.7 Mercado financeiro e seus desdobramentos.

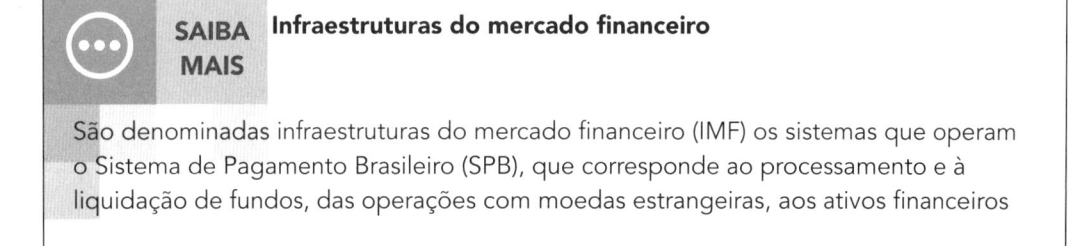

SAIBA MAIS

Infraestruturas do mercado financeiro

São denominadas infraestruturas do mercado financeiro (IMF) os sistemas que operam o Sistema de Pagamento Brasileiro (SPB), que corresponde ao processamento e à liquidação de fundos, das operações com moedas estrangeiras, aos ativos financeiros e aos valores mobiliários. Também fazem parte do IMF os serviços de compensação de cheques, compensação e liquidação de ordens eletrônicas de débito e crédito, entre outros processos. A autorização das IMF é emitida pelo Bacen, sendo também o responsável por sua regulação, seguindo as diretrizes do CMN. O objetivo da regulação das IMF é garantir a credibilidade, a estabilidade financeira e a redução dos riscos sistêmicos.

A seguir, abordaremos o mercado monetário e o mercado de capitais.

2.3 MERCADO MONETÁRIO

O mercado monetário ou simplesmente mercado de dinheiro é constituído de fornecedores e de tomadores de fundos de curto prazo. Com exceção das transações entre bancos, as transações do mercado monetário são efetuadas por meio de títulos negociáveis, que são instrumentos de empréstimo de curto prazo, como Letras do Tesouro Nacional (LTN), documentos comerciais, certificados negociáveis de depósito emitidos pelo governo ou empresas e instituições financeiras.

O mercado monetário é constituído de pessoas físicas, empresas, governos e intermediários financeiros que dispõem temporariamente de fundos ociosos que desejam aplicar em algum tipo de ativo líquido ou instrumento de renda fixa de curto prazo. Por outro lado, outras pessoas físicas, empresas, governo e intermediários financeiros necessitam de financiamento temporário ou sazonal. Assim, o mercado monetário permite a interação entre fornecedores e tomadores de fundos de curto prazo.

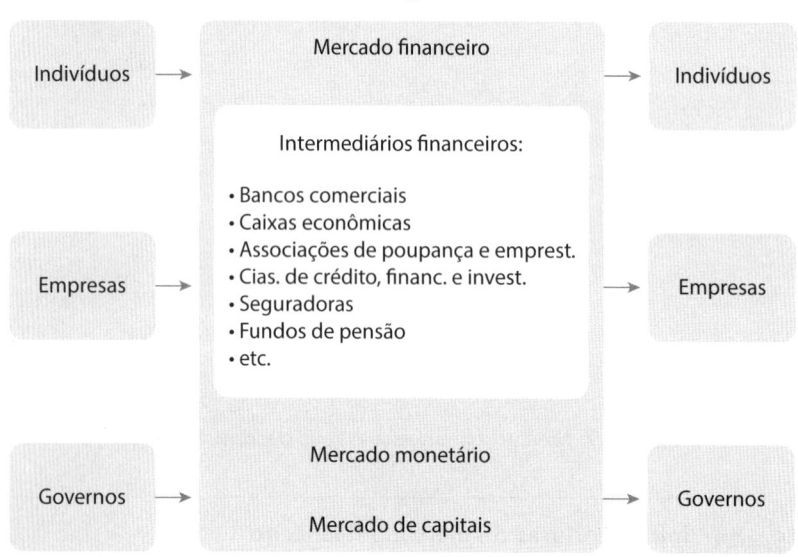

Figura 2.8 Intermediários financeiros e mercados financeiros.

O mercado monetário é extremamente amplo, intangível e não pode ser retratado como um simples local físico. Na realidade, os fornecedores e os tomadores de fundos de curto prazo mantêm negociações com bancos ou empresas de crédito, financiamento e investimento.

Uma parte interessada precisa ir diretamente a outra ou indiretamente por meio de um intermediário financeiro. Há uma variedade de intermediários, como bancos comerciais, caixas econômicas, associações de poupança e empréstimos, companhias de crédito, financiamento e investimento, empresas de seguro de vida, fundos de pensão etc. São instituições intermediárias que atraem fundos das pessoas físicas, empresas e governo e acumulam grandes somas que lhes permitem conceder empréstimos a indivíduos e empresas.

Como a Figura 2.8 indica, o mercado monetário inclui pessoas físicas, empresas, intermediários financeiros e governos que compram e vendem títulos negociáveis. Os títulos negociáveis são emitidos por empresas, intermediários financeiros e governos, que podem ser os emitentes primários ou secundários desses títulos.

Os títulos negociáveis são os instrumentos do mercado monetário e incluem LTN, Bônus do Tesouro Nacional (BTN), Certificado de Depósito Bancário (CDB), aceites bancários, quotas de fundos mútuos, cadernetas de poupança etc.

 **SAIBA MAIS** **Mercado monetário e a Taxa SELIC**

É comum, a cada 45 dias, a mídia divulgar e comentar o percentual que o COPOM definiu da taxa SELIC. Mas, o que é o COPOM? Quais são o significado e a importância da taxa SELIC? O COPOM é o Conselho de Política Monetária, formado pelo presidente do Bacen e seus diretores. A cada 45 dias, eles se reúnem para definir a taxa básica de juros da economia, conhecida como taxa SELIC. Esta é uma taxa que serve de referência para as demais taxas de juros da economia, como as cobradas pelas instituições financeiras em empréstimos e financiamentos. SELIC é a abreviação de Sistema Especial de Liquidação e Custódia. Em 1979, a economia brasileira já tinha uma inflação anual de 77,25%. Esse percentual foi ascendendo ano a ano, atingindo seu ápice em 1993, com a taxa de 2477,15% ao ano. A taxa SELIC foi criada em 1979, com o objetivo de controlar a inflação e a hiperinflação vindoura. Ao aumentar a taxa SELIC, o Bacen tem como objetivo desacelerar a economia, evitando o aumento da inflação. Como isso ocorre? Os juros de crédito, de financiamento e empréstimos e do cheque especial ficam mais altos, inibindo, ou seja, "esfriando" o consumo e a economia. Quando o COPOM reduz o percentual, a intenção é reduzir os juros da economia, disponibilizando mais crédito para o mercado. Nesse caso, as instituições financeiras tendem a reduzir os juros de financiamento, liberar mais créditos e aquecer a economia. Portanto, acompanhar as informações sobre esse indicador é fundamental para os brasileiros, pois é um importante indicador da economia, que impacta no bolso de todos e todas.

2.4 MERCADO DE CAPITAIS

Enquanto o mercado monetário concede financiamentos e empréstimos de curto prazo às empresas, o mercado de capitais proporciona fundos permanentes ou de longo prazo. O mercado de capitais é constituído de instituições que permitem que os fornecedores e os tomadores de fundos de longo prazo efetuem transações. Essas transações são feitas com emissões de dívida e ações de empresas, bem como emissões de dívida dos governos federal, estadual e municipal.

A importância do mercado de capitais repousa no fato de que ele permite o crescimento no longo prazo de empresas e organizações governamentais ao fornecer os fundos necessários para a aquisição de ativos fixos e implementação de programas de longo prazo. Por outro lado, o mercado de capitais também é importante para que indivíduos, empresas, instituições financeiras e governo apliquem suas poupanças de longo prazo.

SAIBA MAIS — Mercado de capitais

O mercado de capitais envolve a rede de bolsas de valores e instituições financeiras – como bancos, companhias de investimento e de seguro – e opera com a compra e venda de papéis – como ações, títulos de dívida em geral – a longo prazo. Sua função é canalizar as poupanças da sociedade para comércio, indústria e outras atividades econômicas, e para o próprio governo. É diferente do mercado monetário, que movimenta recursos de curto prazo, apesar de ambos terem muitas instituições em comum.

O mercado de capitais funciona por meio das bolsas de valores, em que são feitas as transações com ações e debêntures. As bolsas de valores são associações civis, sem fins lucrativos, cujo patrimônio social é constituído de títulos patrimoniais subscritos por sociedades corretoras, realizados em dinheiro. Assim, as sociedades corretoras são os membros das bolsas de valores. As bolsas de valores operam com títulos de crédito: títulos públicos federais, estaduais e municipais, com ações e sociedades anônimas e outros títulos particulares (como debêntures e letras de câmbio).

As bolsas de valores têm suas atividades autorizadas, supervisionadas e fiscalizadas pelo Bacen. Possuem um órgão deliberativo máximo que é a Assembleia Geral, sendo suas operações geridas pelo Conselho de Administração e pelo Superintendente Geral, que executa a política determinada pelo Conselho, dirigindo os trabalhos internos e presidindo a Caixa de Liquidação.

SAIBA MAIS — Mercado de balcão

O mercado de balcão surgiu em uma época em que os ativos eram negociados nos escritórios das corretoras, daí o nome "balcão". Também conhecido como *over the counter* (OTC), suas operações ocorrem em um ambiente não físico, cujas transações não estão registradas na bolsa de valores. Todavia, isso não significa que não exista fiscalização sobre tais negociações. Na bolsa de valores, as corretoras e os bancos de investimentos estão aptos a intermediar no mercado de valores mobiliários. No mercado de balcão, isso ocorre quando essas corretoras e bancos de investimentos conectam pessoas que desejam comprar e vender ativos. Os registros dessas transações ocorrem por entidades criadas especificamente para esse fim. A primeira instituição criada foi a Sociedade Operadora de Mercado de Ativos (SOMA), em 1996, inspirada no mercado de balcão dos Estados Unidos, a *National Association of Securities Dealers Automated Quotation System* (Nasdaq). Em 2002, após ser adquirida pela BM&F Bovespa, atual B3, passou a se chamar SOMA FIX. Atualmente, a legislação brasileira admite três tipos de mercado: mercado da bolsa, mercado de balcão não organizado e mercado de balcão organizado. O mercado da bolsa exige regras rígidas, por exemplo, empresas que queiram operar nesse mercado devem adotar práticas de governança corporativa, auditar e apresentar suas demonstrações financeiras, entre outros requisitos. Já no mercado de balcão organizado, apesar de não possuir regras tão rígidas em relação ao de bolsas, mesmo assim é fiscalizado por instituições autorizadas pela CVM. Já o mercado de balcão não organizado era o procedimento comum até a criação da SOMA, sem a existência dos registros sobre as transações. Ainda disponível para quem investe, favorece a negociação de ativos que não possuem liquidez na bolsa ou no mercado de balcão organizado. As transações ocorrem entre as instituições financeiras credenciadas para esse fim; todavia, como as operações não são registradas, a transparência do volume e os preços das transações no mercado de balcão não organizado são menores.

2.5 BANCO DE INVESTIMENTOS

O banco de investimentos é uma instituição que atua como intermediária entre o emitente e o comprador de novas emissões de títulos, pois compra títulos de empresas e do governo e os coloca junto ao público.

No fundo, o banco de investimentos tem por função achar compradores para novas emissões de títulos. Não é investidor, pois não faz investimentos de longo prazo nem guarda a poupança dos outros e assume os riscos do negócio. Basicamente, o risco pode ser definido como a possibilidade de perda.

A importância do banco de investimentos reside no auxílio que presta às empresas na captação de dinheiro no mercado de capitais.

O banco de investimentos realiza funções primárias (subscrição de emissão de títulos) e funções secundárias (prestação de consultoria às empresas-clientes). Quando, por exemplo, uma empresa pretende aumentar seu capital, o banco de investimento garante à empresa uma importância mínima especificada na emissão, adquire os títulos a um preço inferior ao que planeja vender no mercado de capitais, para obter um lucro, e assume o risco de não conseguir vender toda a emissão. A venda no mercado de capitais é denominada subscrição, colocação ou *underwriting*.

 Aumente seus conhecimentos sobre **Venda no mercado de capitais** na seção *Saiba mais GF* 2.3

2.6 MERCADO FINANCEIRO INTERNACIONAL

Muitas vezes, determinadas transações que envolvem grandes volumes de dinheiro e longos prazos de financiamento não podem ser feitas no mercado nacional e precisam ser efetuadas no exterior, isto é, no mercado financeiro internacional.

O mercado financeiro internacional é constituído pelas instituições financeiras públicas e privadas dos países desenvolvidos, como Estados Unidos, Japão, Alemanha, Inglaterra, França, Itália, Canadá etc. Muitas vezes, quando o volume de financiamento é muito elevado, as instituições públicas e privadas exigem o aval ou a aprovação de entidades representativas das finanças internacionais, como o Fundo Monetário Internacional (FMI), o Banco Internacional de Desenvolvimento (BID), o Clube de Paris (representando os países europeus) etc.

SAIBA MAIS — Lei Sarbanes Oxley (SOX)

A lei *Sarbanes Oxley* (SOX), sancionada em 2002, foi elaborada pelos congressistas norte-americanos Paul Sarbanes e Michael Oxley, visando proteger e dar credibilidade para os investidores e demais *stakeholders*. Surgiu a partir dos escândalos fraudulentos que ocorreram nos Estados Unidos, envolvendo diversas empresas, entre elas Enron, Tyco, WorldCom, Xerox etc. Um dos casos muito divulgados na época foi da Enron, distribuidora de energia, que impactou drasticamente em uma das mais conhecidas empresas de auditoria da época, a Arthur Andersen. As fraudes no balanço da empresa já estavam ocorrendo há alguns anos, atingindo seu ápice em 2001. Com um contingente de mais de 21 mil funcionários e líder em seu ramo de atuação, a Enron inflou seus lucros, escondendo uma dívida de mais de US$ 25 bilhões. Esse caso, dentre outros, abalou o mercado da bolsa nos Estados Unidos e, para retomar a credibilidade, os congressistas desenvolveram a SOX. Essa lei obriga as empresas que queiram participar da bolsa norte-americana a seguirem as regras por ela estabelecida. Entre as normas, está a garantia da rastreabilidade dos registros de diversos registros contábeis e financeiros. Procura, com isso, aprimorar a governança corporativa e a prestação de contas sobre receitas, despesas, balanço patrimonial, total de ativos e passivos etc. Busca, portanto, combater e prevenir fraudes que possam impactar no desempenho financeiro das empresas e garantir *complice*, ou seja, a garantia de que a empresa está seguindo todas as normas e políticas internas, por exemplo, sua visão, missão, valores etc., bem como as do ambiente externo em que está inserida, como leis, normas regionais, impostos etc. Importante ressaltar que a SOX deve ser seguida tanto pelas empresas norte-americanas quanto por outros países que estejam na bolsa norte-americana.

2.7 FINANCIAMENTO: CONCEITO E CLASSIFICAÇÃO

Financiamento é uma operação por meio da qual a empresa obtém recursos financeiros de terceiros para o capital de giro, ativos circulantes temporários ou permanentes, bem como para investimento. O objetivo é captar temporariamente fundos como antecipação de futuras entradas de caixa para permitir o pagamento de dívidas ou compromissos da empresa. Muitas empresas com vendas sazonais, concentradas em certas épocas do ano – como o Natal ou a Páscoa –, precisam aumentar seus estoques antes do aumento das vendas e, para tanto, tomam emprestado para produzir com antecipação a fim de atender à demanda sazonal.

O financiamento pode ser classificado em dois tipos: de curto prazo ou de médio e longo prazos.

2.7.1 Financiamento de curto prazo

O financiamento de curto prazo (CP) é uma operação por meio da qual a empresa levanta recursos no CP (período inferior a um ano) destinados à manutenção de aplicações em créditos a clientes e em estoques. Os recursos podem, ainda, ser destinados ao financiamento a clientes ou para cobrir deficiências de fundos quando as entradas de caixa são insuficientes para cobrir aumentos imprevistos de despesas. O objetivo do financiamento de CP é preencher lacunas de necessidades de financiamento, evitando o de longo prazo e, com isso, eliminando possíveis excessos de fundos ociosos e suas despesas decorrentes.

O financiamento de CP é obtido por meio de:

- **Bancos comerciais privados e públicos**: os bancos comerciais captam fundos ou são depositários de poupanças na forma de contas-correntes e certificados de depósitos que são utilizados para financiar a atividade econômica.
- **Sociedades de crédito, financiamento e investimento**: também denominadas financeiras.

O financiamento de CP consiste, portanto, em obrigações que devem vencer dentro de um ano ou menos, para proporcionar ativos circulantes da empresa – como caixa, títulos negociáveis, contas a pagar e estoques.

O financiamento de CP pode ser efetuado por meio de quatro tipos de operações financeiras: desconto de duplicatas, empréstimo bancário em conta-corrente, crédito direto ao consumidor e crédito mercantil. Os quatro tipos de financiamento de CP serão analisados a seguir.

1. **Desconto de duplicatas**: as duplicatas são títulos exatamente iguais, em valor e outras características, às **faturas** emitidas pela empresa. São, portanto, cópias das faturas. Quando a empresa vende a prazo, permanece em posição de espera até a data de vencimento da fatura, quando pode receber a importância vendida ao cliente. Se, porém, a empresa tiver necessidade de recursos para o giro normal de suas operações, pode descontar duplicatas em um banco comercial, recebendo dele um empréstimo de recursos cujo prazo vai desde o momento em que a empresa recebe o empréstimo bancário até a data do vencimento da fatura. A empresa faz uma cessão de direitos sobre os valores a receber de seus clientes pagando antecipadamente os juros e o desconto bancário de praxe para receber recursos com relativa rapidez para o financiamento de capital de giro temporário. O banco exige:
   a. Solidez dos títulos submetidos ao desconto.
   b. Saldo médio, ou seja, a obrigação da empresa em manter uma proporção de seus saldos em conta-corrente.
   c. Reciprocidade em substituição ao saldo médio, ou seja, a atribuição ao banco de todas as operações de recolhimento de tributos ao poder público federal, estadual e municipal.

2. **Empréstimos bancários em conta-corrente**: é um serviço denominado linha de crédito ou adiantamento em conta-corrente. Trata-se de um compromisso pelo qual o banco comercial concede à empresa um crédito numa conta-corrente que pode ser movimentada à vista. Enquanto no desconto de duplicatas os recursos são entregues integralmente, aqui os fundos são obtidos pela empresa gradativamente segundo suas necessidades e a disponibilidade de saldo em sua conta bancária. A empresa pode efetuar depósitos para reduzir a dívida. Os juros fixados não incidem sobre o valor máximo colocado à disposição da empresa, mas são calculados sobre o movimento diário dos saldos devedores. O banco geralmente exige:
   a. Saldo médio.
   b. Taxa de juros.
   c. Entrega em caução de títulos para garantir a devolução do valor principal na data de vencimento da operação.

3. **Crédito direto ao consumidor**: é uma operação de financiamento destinada ao comprador final dos produtos da empresa. O comprador do produto assina um contrato de financiamento com uma sociedade de crédito, financiamento e investimento (financeira), que paga o valor da compra à empresa vendedora, com a alienação fiduciária do produto à financeira até o pagamento da última prestação pelo comprador. É uma operação que serve para facilitar ao comprador a aquisição de um bem durável (como um automóvel ou eletrodoméstico, por exemplo) e permitir maior volume de vendas para as empresas produtoras e comercializadoras.

4. **Crédito mercantil**: enquanto as três modalidades de financiamento a CP anteriormente mencionadas são efetuadas por intermediários financeiros (como os bancos comerciais e as financeiras), o crédito mercantil é uma fonte espontânea de recursos financeiros proporcionada pelos fatores de produção que a empresa utiliza sem o pagamento instantâneo. No caso da mão de obra, os salários são pagos quinzenal ou mensalmente, alguns dias após o final do mês. No caso de compras de mercadorias ou matérias-primas (MP) junto aos fornecedores, a empresa pode obter um prazo de financiamento, permitindo-lhe processá-los e transformá-los em produtos acabados (PA) que podem ser vendidos, proporcionando recebimentos antes do pagamento aos fornecedores. O custo do crédito mercantil pode ser avaliado em função do desconto que o fornecedor efetuaria se a venda fosse à vista.

2.7.2 Financiamento de médio prazo e de longo prazo

O financiamento de médio (MP) e de longo prazo (LP) se destina à obtenção de recursos de terceiros a prazos superiores a seis meses e a um ano, respectivamente. É geralmente efetuado junto a organismos ou programas geridos pelo poder público, como o BB, o Bacen, os bancos de desenvolvimento, a CEF e as Caixas Econômicas Estaduais.

O financiamento de MP ou de LP pode ser obtido por meio de fundos especiais de instituições públicas, por recursos captados no exterior, debêntures e recursos próprios. Vejamos rapidamente cada um desses tipos de financiamentos de MP ou de LP.

- **Fundos especiais de instituições públicas**: são fundos especiais provenientes de receitas tributárias, de resultados de empréstimos internacionais ou de exercícios anteriores, bem como de depósitos do público, à vista e a prazo fixo, que os órgãos governamentais canalizam para investimentos públicos ou para as empresas privadas. Os organismos que concedem financiamentos a MP ou a LP por meio de fundos especiais são:

- BNDES.
- BB.
- Bancos estaduais e regionais de desenvolvimento, como o Banco do Nordeste (BNB) e o Banco da Amazônia (BASA).
- CEF.
- Caixas Econômicas Estaduais.
- Agência Especial de Financiamento Industrial (FINAME).

■ **Recursos captados no exterior**: são constituídos pelas operações de empréstimos em moeda com recursos captados no exterior e aprovados previamente pelo Bacen e pelos financiamentos de importações, isto é, financiamentos de compras da empresa por fornecedores estrangeiros.

■ **Debêntures**: as debêntures de uma empresa são títulos de dívida emitidos para levantar grandes volumes de dinheiro, no LP, de diversos grupos de emprestadores ou de aplicadores. A emissão e a venda de debêntures proporcionam – como as ações – flexibilidade na utilização dos recursos, pois permite a obtenção de financiamento de LP para as operações da empresa. As debêntures podem ser nominativas ou ao portador. São certificados que dão ao seu comprador o direito de receber juros prefixados no próprio título, correção monetária variável e o valor nominal na data de resgate (que é a data de vencimento previamente estabelecida). Difere da ação preferencial pela fixação do prazo e do valor de resgate pela empresa. É uma alternativa de financiamento de LP e a um custo prefixado.

Aumente seus conhecimentos sobre **Debêntures** na seção *Saiba mais GF 2.4*

■ **Recursos próprios**: os recursos próprios da empresa são o capital social, as reservas e os lucros acumulados, itens que integram o patrimônio líquido do balanço. A obtenção de recursos externos para aumentar o capital social se faz por meio do lançamento de novas ações ao público ou da oferta de direitos de subscrição aos acionistas atuais. O lançamento ao público deve ser previamente registrado na CVM e intermediado por uma ou mais instituições financeiras (bancos de investimento) escolhidas pela empresa. Essa interveniência, como vimos há pouco, recebe o nome de colocação, subscrição ou *underwriting*. É onde o banco de investimento desempenha seu principal papel de reorganizar o mercado de capitais.

Conforme a prioridade no recebimento de dividendos, as ações podem ser classificadas em ordinárias ou preferenciais.

- **Ações ordinárias**: são as ações adquiridas pelos acionistas comuns, que são os verdadeiros proprietários da empresa. Na realidade, são os últimos a receber qualquer retorno de seu interesse societário. Ao adquirirem ações ordinárias, esses acionistas esperam recompensas por meio dos dividendos periódicos em dinheiro ou do aumento (ou pelo menos da não redução) do valor da ação. As ações ordinárias asseguram ao portador:

○ uma parcela proporcional da propriedade dos bens e do controle da administração da empresa, por meio de direito de voto em assembleias gerais;

○ direitos absolutos sobre os lucros residuais (lucro líquido depois do Imposto de Renda – IR), ou seja, uma remuneração não fixada sujeita a risco que o investidor assume quando investe em ações de uma empresa.

• **Ações preferenciais**: estão limitadas a 2/3 do total das ações emitidas e têm prioridade no recebimento de dividendos, com valor mínimo anual estabelecido nos estatutos da empresa. As ações preferenciais asseguram ao portador:

○ prioridade no recebimento de dividendos conforme o que for estabelecido nos estatutos da empresa;

○ acumulação dos dividendos atrasados;

○ possibilidade de eleger em votação em separado um ou mais membros de órgãos da administração da empresa;

○ participação nos lucros em iguais condições das ações ordinárias quando não tiverem dividendo fixo ou quando os dividendos destas ultrapassarem o mínimo fixado pelos estatutos.

As duas modalidades de ações – ordinárias e preferenciais – afetam diferentemente o custo do capital, face aos diferentes riscos e direitos dos investidores e às diferentes obrigações assumidas pela empresa.

Financiamento de CP	Financiamento de MP e LP
Desconto de duplicatas	Fundos especiais de instituições públicas
Empréstimos bancários em conta corrente	Recursos captados no exterior
Crédito direto ao consumidor	Debêntures
Crédito mercantil	Recursos próprios

Figura 2.9 Classificação de financiamentos.

O financiamento de CP serve para cobrir insuficiências ou carências de caixa e permite condições para administrar adequadamente as contas a pagar e os estoques. Já os financiamentos de MP e LP servem para angariar recursos de terceiros, por prazos superiores a seis meses ou a um ano, e permitem condições para aumentar a capacidade de produção e, consequentemente, incrementar as vendas da empresa ou a execução de planos de expansão ou de desenvolvimento tecnológico.

Por essas razões, a obtenção de financiamentos externos é uma das funções cruciais da GF, por exigir cuidadoso estudo do mercado financeiro e das opções referentes a condições de custo e pagamento. Decisões desse tipo são fundamentalmente importantes para o sucesso do negócio.

QUESTÕES PARA REVISÃO

1. O que significava, antigamente, a palavra **mercado**?
2. O que significa, atualmente, a palavra **mercado**?
3. Explique os aspectos de espaço e de tempo do conceito de mercado.
4. Explique o papel dos vendedores e dos compradores em um mercado.
5. Explique as três situações do mercado: oferta, equilíbrio e procura.
6. Quais são os tipos de mercado?
7. Explique o SFN.
8. Como funciona o subsistema normativo e do que é composto?
9. Como funciona o subsistema operativo e do que é composto?
10. O que são bancos?
11. O que são bancos comerciais?
12. Conceitue bancos comerciais em função da clientela.
13. Conceitue bancos comerciais em função do território.
14. O que são conglomerados?
15. Conceitue banco múltiplo.
16. Conceitue mercado financeiro.
17. Como se processa a transferência direta dos recursos financeiros?
18. Como se processa a transferência indireta dos recursos financeiros?
19. O que são intermediários financeiros?
20. Quais são os desdobramentos financeiros?
21. Conceitue mercado monetário ou mercado de dinheiro.
22. Como funciona o mercado monetário?
23. Quais são os títulos negociáveis no mercado monetário?
24. Conceitue mercado de capitais.
25. Como funciona o mercado de capitais?
26. O que são bolsas de valores?
27. Conceitue banco de investimentos.
28. Qual é a importância do banco de investimento?
29. Quais são as funções primárias e secundárias do banco de investimentos?

30. Conceitue os mercados financeiros internacionais.
31. Conceitue financiamento.
32. Qual é a classificação dos financiamentos?
33. Conceitue financiamentos de CP.
34. Quais são os tipos de operações de financiamento de CP?
35. Explique desconto de duplicatas.
36. Explique empréstimos bancários em conta-corrente.
37. Explique crédito direto ao consumidor.
38. Explique crédito mercantil.
39. Conceitue financiamentos de MP e LP.
40. Quais são os tipos de financiamentos de MP e LP?
41. Explique fundos especiais de instituições públicas.
42. Explique recursos captados no exterior.
43. Explique debêntures.
44. Explique recursos próprios.
45. O que são ações?
46. O que é subscrição, colocação ou *underwriting*?
47. Explique ações ordinárias e suas características.
48. Explique ações preferenciais e suas características.

3 GESTÃO DO CAPITAL DE GIRO

O QUE VEREMOS ADIANTE

- Capital.
- Capital de giro.
- Previsão de controle de gastos: fluxo de caixa.
- Gestão de ativos circulantes (AC).
- Gestão de contas a receber.
- Gestão financeira de estoques.

O gestor financeiro tem grandes responsabilidades para manter a sustentabilidade de uma organização, entre as quais a de analisar as propostas de investimentos que possam gerar valor e contribuir positivamente para a empresa. Para tanto, utiliza-se de diversas ferramentas. O fluxo de caixa é um instrumento utilizado por esses profissionais a fim de avaliar determinado investimento para, depois, aplicar determinadas técnicas para tomada de decisão. Outra atividade importante da Gestão Financeira (GF) é a gestão do capital de giro. A empresa deve considerar que, para manter um bom nível do capital de giro líquido, é necessário o desenvolvimento de uma estratégia que possa produzir um equilíbrio entre lucros e liquidez, contribuindo positivamente para aumentar o valor da empresa. Outro ponto importante é a correta gestão do ciclo de conversão do estoque, que deve girar rapidamente, além de atuar para agilizar o processo das contas a receber. Portanto, a GF, com a estratégia de uma correta gestão de estoque e gestão das contas a receber (ou seja, tomadas de decisões financeiras de curto prazo), acarretam uma correta administração dos ativos circulantes (AC) e dos passivos circulantes (PC), aumentando a eficiência e minimizando o investimento em ativos operacionais.

INTRODUÇÃO

A atividade mais conhecida da GF é a administração do capital de giro. Na realidade, o dia a dia do administrador de recursos financeiros é quase totalmente tomado pela administração dos ativos correntes. O planejamento e a operação das entradas e saídas do caixa constituem, talvez, a parte mais representativa do trabalho da GF.

3.1 CAPITAL

Capital é o valor líquido dos ativos de uma empresa. O capital constitui o recurso financeiro básico da empresa: o investimento efetuado pelos proprietários ou acionistas para a criação e a operação da empresa. Contudo, não é só o capital investido pelos acionistas que dinamiza a empresa. Ela utiliza capital de terceiros na operação de seus negócios. Assim, quanto à sua propriedade, existem dois tipos de capital: o capital próprio e o capital de terceiros.

1. **Capital próprio**: é composto pelos itens do não exigível, isto é, o capital pertencente aos proprietários ou acionistas da empresa.

2. **Capital de terceiros**: corresponde às exigibilidades da empresa, como empréstimos, debêntures e ações preferenciais. É também denominado capital externo, pois não é propriedade da empresa.

3.1.1 Risco e retorno

Quando os proprietários ou os acionistas ingressam com algum capital, eles esperam determinado retorno e assumem certo risco. Da mesma maneira, os terceiros (como fornecedores, bancos e financeiras) também fornecem capital para a empresa esperando determinado retorno e correndo algum risco. O retorno significa ganhos ou perdas em que o proprietário de um ativo incorre durante um período de tempo; um rendimento a maior. O retorno é calculado por meio da soma dos pagamentos periódicos (dividendos ou juros) e da valorização de capital do ativo (que é o retorno total). O risco é o grau de incerteza associado ao resultado de um investimento; é uma possibilidade de perda. Existem dois tipos de risco: o risco econômico e o risco financeiro.

1. **Risco econômico**: é o risco inerente ao negócio da empresa. É a incerteza ou variabilidade relativa dos resultados da empresa que depende do ramo de atividade, do tipo de operação, do tipo de produto ou serviço (bem de consumo ou de produção, durável ou perecível) e das características da demanda do mercado (venda sazonal, cíclica ou variável). Como a GF não determina o ramo de atividade ou as operações da empresa, ela se restringe a oferecer subsídios para administrar o grau de risco assumido em consequência do ramo de atividade escolhido. Na realidade, o risco econômico é consequência da estrutura dos ativos da empresa e das atividades por ela desenvolvidas.

2. **Risco financeiro**: é o risco de não obter a remuneração do investimento. Está relacionado com a remuneração do capital de terceiros e corresponde à variabilidade dos retornos para o acionista ordinário. Na realidade, o risco financeiro é consequência da estrutura das fontes de recursos da empresa (dos passivos, exigíveis ou não), principalmente em termos de endividamento relativo. O risco financeiro está ligado à proporção de emprego de recursos que exigem remuneração fixa e prioritária à remuneração dos acionistas ordinários.

Quando o risco econômico é elevado, a GF procura reduzir o risco financeiro, evitando alto endividamento e baixando a proporção de capital de terceiros. A Figura 3.1 mostra duas empresas – empresa A e empresa B – do mesmo ramo de atividade (e, portanto, correndo o mesmo risco econômico), mas com riscos financeiros diferentes (diferentes remunerações do capital de terceiros).

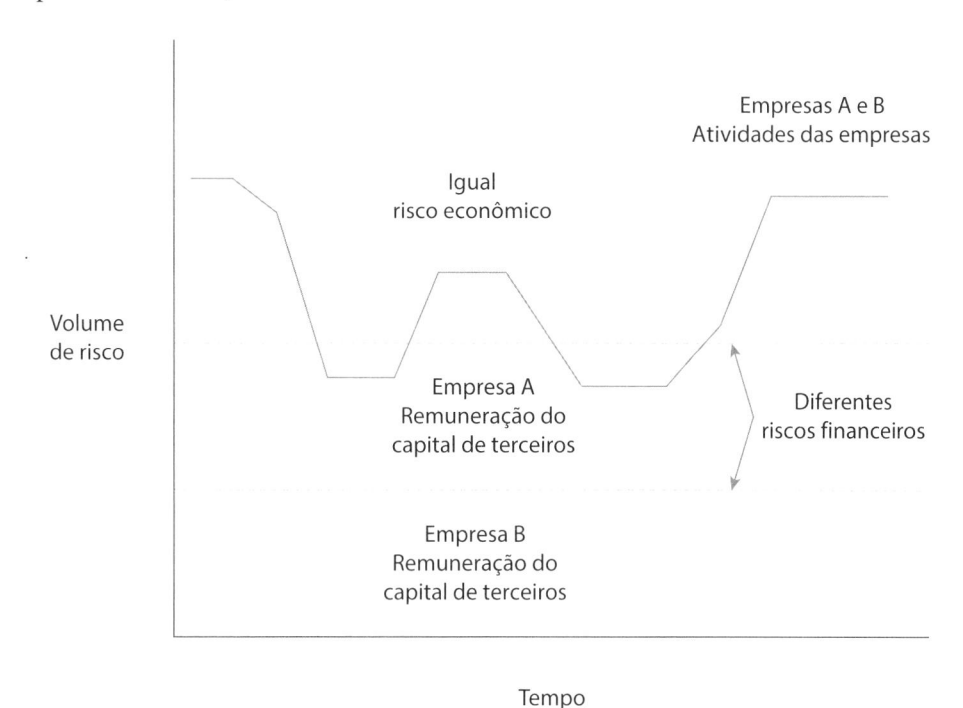

Figura 3.1 Duas empresas com igual risco econômico e diferentes riscos financeiros.

A empresa A corre maior risco financeiro do que a empresa B porque esta tem menores encargos de remuneração do capital de terceiros e sempre cobertos pelas atividades da empresa. A empresa A tem duas ocasiões em que precisa obter recursos externos para remunerar o capital de terceiros, pois suas atividades não cobrem os encargos nessas ocasiões.

Já na Figura 3.2, comparamos duas empresas – empresa A e B – de diferentes ramos de atividade (e, portanto, com diferentes riscos econômicos), mas com igual remuneração do capital de terceiros (ou seja, com igual risco financeiro). Embora com risco financeiro do mesmo nível, a empresa A corre menor risco econômico, pois sua atividade está sempre acima dos encargos de remuneração do capital de terceiros. A empresa B, todavia, apresenta duas ocasiões em que os resultados de sua atividade se situam abaixo dos encargos de remuneração do capital de terceiros.

 Aumente seus conhecimentos sobre **ROI e ROE** na seção *Saiba mais GF* 3.1

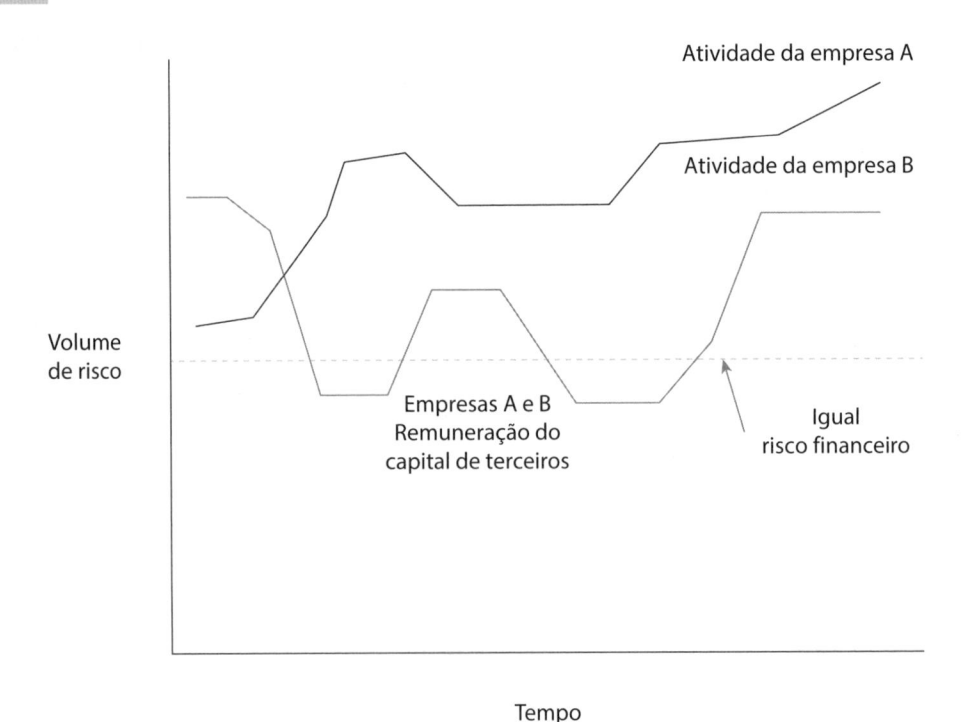

Figura 3.2 Duas empresas com igual risco financeiro e diferentes riscos econômicos.

3.1.2 Equilíbrio entre risco e retorno

A GF deve proporcionar certo equilíbrio entre o risco e o retorno de uma empresa. O retorno (ou rentabilidade) é medido pelas receitas menos os custos incorridos. O risco é medido pela probabilidade de a empresa tornar-se insolvente, isto é, tornar-se incapaz de pagar suas contas, dívidas ou obrigações nos respectivos vencimentos. O risco é sempre uma possibilidade de perda. O retorno de uma empresa é o lucro. Lucro é sempre uma possibilidade de ganho. As duas preocupações fundamentais da GF são: aumentar o lucro e diminuir os custos.

O lucro pode ser aumentado de várias maneiras:

- Por meio de um volume maior de receitas (vendas).
- Por meio da redução dos custos (maior eficiência e produtividade).
- Por meio do investimento em ativos mais rentáveis que produzam maiores receitas.

Os custos podem ser reduzidos de quatro maneiras:

1. Pagando-se menos pelos itens ou serviços utilizados.
2. Administrando-se os recursos com maior eficiência para evitar desperdícios.
3. Por meio de um volume maior de receitas (vendas) e investimento em ativos mais rentáveis que produzam maiores receitas.
4. Aumento da eficiência e da produtividade.

3.1.3 Tipos de capital

Voltando ao conceito de capital, podemos classificá-lo quanto à sua utilização em dois tipos: o capital fixo e o capital de giro (ou capital circulante). O capital fixo e o capital de giro se complementam mutuamente.

1. **Capital fixo**: é constituído pelos ativos imobilizados. Os investimentos em ativos imobilizados são efetuados no longo prazo, são estáveis e sofrem poucas alterações ao longo do tempo. É o caso de edifícios, fábricas, máquinas e equipamentos, e instalações, de propriedade da empresa.

2. **Capital de giro**: é constituído de AC. Os investimentos em AC sofrem alterações muito frequentes, quase cotidianas, pois o capital de giro está relacionado principalmente com as vendas, que são realizadas diariamente e sofrem oscilações frequentes. Esses investimentos são efetuados no curto prazo em função do ciclo de operações da empresa. Boa parte das aplicações de fundos da empresa se destina ao seu capital de giro. É oportuno diferenciar o capital de giro bruto e o capital de giro líquido.

   a. **Capital de giro bruto (CGB)**: é constituído pelos seguintes itens:
      - Disponibilidades (disponível em caixas e bancos).
      - Investimentos temporários (títulos e valores mobiliários).
      - Contas a receber.
      - Estoques (matérias-primas (MP) + materiais em vias + produtos acabados (PA)).

   b. **Capital de giro líquido (CGL)**: é o capital de giro bruto menos os compromissos de curto prazo com fornecedores, funcionários, impostos etc. A definição mais comum de CGL é a diferença entre os AC e os PC da empresa.

$$CGL = AC - PC$$

Se os AC forem maiores do que os PC, a empresa dispõe de CGL. Toda empresa precisa de algum montante de CGL, que depende muito do ramo de atividade e das condições do negócio. O CGL é um indicador da liquidez da empresa (juntamente com outros índices de liquidez), pois se os AC cobrem as obrigações de curto prazo (CP), a empresa terá capacidade de pagar suas contas nas datas nos respectivos vencimentos. Essa hipótese é verdadeira quando os AC são fontes de recebimento, enquanto os PC são fontes de desembolso, tudo isso em prazos e datas mutuamente compatíveis. Ocorre que existem diferentes graus de liquidez para cada AC e PC. Mas quanto maior o montante em AC, mais fácil será converter parte deles em caixa para pagar as dívidas nas datas de vencimento. Assim:

$$CGL = CGB - PC \text{ (salários, fornecedores, impostos etc.)}$$

3.2 CAPITAL DE GIRO

O capital de giro funciona no CP. O CP é definido como um período igual ao de um exercício social, que na maioria dos casos corresponde a um ano. Quase todos os indicadores financeiros são calculados em função do exercício fiscal, a não ser os indicadores financeiros mensais.

A gestão do capital de giro envolve as contas circulantes da empresa, inclusive os AC e os PC. Nas empresas industriais, por exemplo, os AC representam praticamente a metade do ativo total e os PC montam a um terço do faturamento, razão pela qual a gestão do capital de giro é uma das áreas mais importantes e conhecidas da GF. Toda empresa precisa de um nível razoável de capital de giro, pois os AC devem ser suficientes para cobrir os PC com alguma margem de segurança.

A gestão do capital de giro tem por objetivo administrar cada um dos AC e PC da empresa para garantir um nível aceitável de capital circulante líquido.

1. **AC**: os mais importantes tratados neste capítulo são:
   a. Caixa.
   b. Títulos negociáveis.
   c. Duplicatas a receber.
   d. Estoques.
   Cada um desses ativos deve ser bem gerido a fim de garantir a liquidez da empresa e simultaneamente evitar um nível muito elevado para qualquer um deles.

2. **PC**: os mais importantes tratados neste capítulo são:
   a. Duplicatas a pagar.
   b. Títulos a pagar.
   c. Despesas provisionadas a pagar (como provisões de passivos, salários e ordenados a pagar, juros a pagar etc., ou seja, despesas já incorridas no regime de competência, mas ainda não pagas).
   Esses PC devem ser geridos para garantir que cada uma das fontes de financiamento de CP seja usada adequadamente.

3.2.1 Dilemas da gestão do capital de giro

Por envolver aplicações em AC, a gestão do capital de giro deve levar em consideração três dilemas que devem ser conciliados:

1. Os AC devem ter uma liquidez compatível com a composição dos prazos de vencimentos das dívidas, principalmente os de CP. Isso significa que os AC devem ter um prazo para se transformarem em dinheiro e um risco de transformação em dinheiro. As contas devem ser pagas nos vencimentos e os AC deverão estar líquidos nos momentos certos. Isso significa que os AC devem ter sua liquidez aprazada com as datas de vencimentos das contas a pagar.

2. O dilema entre liquidez e rentabilidade dos AC. Os AC constituem um investimento necessário para sustentar certo volume de vendas da empresa. Assim, contribuem para o objetivo de rentabilidade à medida que garantem certo volume de vendas. Contudo, seu retorno direto (rentabilidade) – principalmente nas disponibilidades e nos investimentos temporários – é bem menor do que o dos investimentos em ativos fixos. Isso significa que, ao enfatizar a liquidez, os AC podem perder rentabilidade. A dificuldade está no equilíbrio entre liquidez e rentabilidade dos AC.

Aumente seus conhecimentos sobre **Capital de giro** na seção *Saiba mais GF* 3.2

3. A gestão dos AC (principalmente das disponibilidades e dos estoques) deve proporcionar saldos adequados que não sejam excessivos, de um lado, ou insuficientes, de outro. É preciso evitar os extremos: a manutenção de saldos excessivos (com investimentos e custos mais altos) e a manutenção de saldos insuficientes (com investimentos e custos menores, mas com riscos maiores, como falta de caixa ou falta de estoques). Para não pendular entre os custos do excesso e os riscos da insuficiência, o remédio é calcular o lote econômico. O lote econômico é o ponto satisfatório que minimiza as desvantagens do excesso e da escassez. A dificuldade é encontrar um meio termo que evite o excesso ou a escassez.

Todos esses três dilemas devem ser considerados na gestão do capital de giro, abrangendo a gestão das contas circulantes da empresa que incluem os AC e os PC.

3.2.2 Ciclo de caixa

No fundo, os AC constituem o capital da empresa que gira até transformar-se em dinheiro dentro de um ciclo de operações. Esse ciclo de operações varia de empresa para empresa, conforme a natureza de suas operações, e constitui o tempo necessário para que uma aplicação de dinheiro em insumos circule inteiramente, desde a compra de matérias-primas (MP) e o pagamento do pessoal até o recebimento pela venda do produto/serviço (P/S) ao cliente. Esse ciclo é denominado ciclo de operações da empresa ou simplesmente ciclo de caixa. Cada empresa tem seu ciclo de caixa, que pode variar enormemente com as oscilações de mercado e com a própria natureza do negócio da empresa. Uma empresa com curto e rápido ciclo de caixa tem um capital de giro capaz de girar mais vezes durante o ano. A empresa com um longo e demorado ciclo de caixa não tem condições de girar mais rapidamente seu capital de giro.

A Figura 3.3 dá uma ideia resumida do ciclo de caixa que envolve caixa, compras de MP, estoque de MP, produção, produtos acabados (PA), vendas, contas a receber, recebimento de clientes e, finalmente e novamente, caixa.

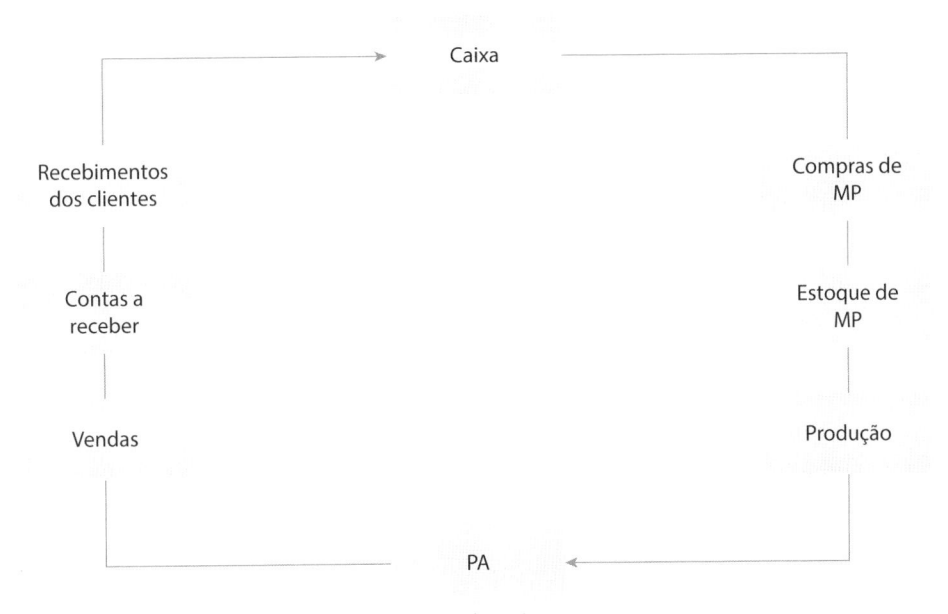

Figura 3.3 Ciclo de caixa.[1]

Para evitar surpresas desagradáveis, o caixa precisa ser devidamente planejado de acordo com o ciclo de caixa das operações da empresa. Trata-se do planejamento de caixa ou orçamento de caixa que deve indicar o fluxo das entradas e saídas de recursos financeiros do caixa. É o que veremos a seguir.

 SAIBA MAIS **Ciclo de conversão de caixa**

O ciclo operacional (CO) da empresa é conceituado como sendo o prazo decorrente do início do processo de produção até o recebimento, resultando em caixa decorrido da venda do PA. Os ativos que envolvem esse processo são Estoque e Contas a Receber. O CO é mensurado a partir do somatório da Idade Média do Estoque (IME) e do Prazo Médio de Recebimento (PMR). Caso ocorra a compra de MP, resultará em contas a pagar, que diminuirá o prazo em que os recursos da empresa ficam aplicados no CO. O prazo necessário para liquidar as contas a pagar é conhecido como Prazo Médio de Pagamento (PMP). Portanto, a diferença entre o CO e o PMP é o Ciclo de Conversão de Caixa, que representa o tempo em que os recursos da empresa ficam aplicados. Exemplo: suponha as seguintes informações de determinada empresa. A IME é de 50 dias, e o PMR, de 20 dias. Considerando que o PMP é de 35 dias, qual é o Ciclo de Conversão de Caixa (CCC)? Sabendo que CCC = CO – PMP e CO = IME + PMR, então CCC = IME + PMR – PMP. Logo: CCC = 50 + 20 – 35 CCC = 35 dias O resultado significa que essa empresa está financiando toda a operação em 35 dias, o que poderá prejudicar sua gestão financeira. Caso ocorra inadimplência, o quadro pode se agravar. Observando a fórmula, a empresa pode melhorar o quadro reduzindo a IME e o PMR, prolongando o prazo de vencimento dos fornecedores (PMP).[2]

3.3 PREVISÃO E CONTROLE DE GASTOS: FLUXO DE CAIXA

O fluxo de caixa é o movimento de entradas e saídas de recursos financeiros do caixa, isto é, das origens e das aplicações de caixa.

As origens de caixa são fatores que aumentam o caixa da empresa, enquanto as aplicações de caixa são itens que o reduzem, conforme mostra a Figura 3.4.

O planejamento financeiro de CP, isto é, o planejamento que cobre o exercício de 12 meses, é geralmente denominado planejamento de caixa ou orçamento de caixa. O orçamento de caixa permite planejar as necessidades de caixa de CP, pois dá uma visão dos recebimentos e dos pagamentos previstos que ocorrerão durante certo período. Quando

 Aumente seus conhecimentos sobre **Apropriação e depreciação** na seção *Saiba mais GF 3.3*

o orçamento de caixa indica algum excesso de caixa (mais recebimentos do que pagamentos), pode-se planejar aplicações de CP. Quando, ao contrário, o orçamento de caixa indica um déficit (mais pagamentos do que recebimentos), deve-se planejar um financiamento de CP.

Origens básicas do caixa (entradas)	Aplicações comuns do caixa (saídas)
Uma diminuição num ativo	Um aumento num ativo
Um aumento num passivo	Uma diminuição num passivo
Lucro líquido após Imposto de Renda (IR)	Um prejuízo líquido
Depreciação	Pagamento de dividendos em moeda
Despesas sem saídas de caixa	Reaquisição de ações
Venda de ações	Resgate de ações

Figura 3.4 Origens e aplicações de caixa.[3]

3.3.1 Orçamento de caixa

Na realidade, o orçamento de caixa retrata o fluxo de caixa, ou seja, as entradas e saídas do caixa. Vimos que o ciclo de caixa é o período de tempo que vai desde o ponto em que a empresa faz um desembolso para adquirir MP até o ponto em que recebe o dinheiro da venda do PA, produzido com aquelas MP. O orçamento de caixa deveria cobrir o ciclo de caixa, porém geralmente cobre o exercício de um ano, podendo ainda ser montado para qualquer período e subdividido em intervalos menores, que variam de dias a semanas.

 Aumente seus conhecimentos sobre **Demonstrativo de fluxo de caixa?** na seção *Saiba mais GF* 3.4

A estrutura básica do orçamento de caixa é a apresentada no Quadro 3.1.

Quadro 3.1 Composição do orçamento de caixa

	Itens	Jan.	Fev.	Mar.	Abr.
	Recebimentos				
Menos	Pagamentos				
Igual a mais igual a menos	Fluxo líquido de caixa Saldo inicial de caixa Saldo final de caixa Saldo mínimo de caixa				
Igual a ou	Financiamento necessário Saldo de caixa excedente				

O item "recebimentos" inclui todas as entradas de caixa no período, como vendas à vista, cobrança de vendas a crédito e outros recebimentos.

A informação fundamental para qualquer orçamento de caixa é a previsão de vendas que a área comercial fornece regularmente ao órgão da GF. Conhecer a previsão de vendas permite saber o que se poderá vender no mercado e, portanto, aquilo que se deverá produzir e entregar. Assim, tendo por base a previsão de vendas, pode-se estimar as entradas e as receitas da empresa, e os gastos relacionados com a produção, estoques e distribuição, isto é, o fluxo de entradas e saídas de dinheiro. Também é possível determinar o nível de imobilizado necessário e o financiamento a ser captado para assegurar o nível previsto de produção e vendas.

3.3.2 Projeção dos recebimentos

A primeira tarefa na elaboração do orçamento de caixa é projetar os recebimentos. A previsão de vendas é um item inicial meramente informativo e serve como subsídio para dimensionar as receitas operacionais da empresa em decorrência das vendas esperadas dos P/S produzidos. As vendas à vista devem ser colocadas mês a mês no orçamento de caixa. Suponhamos que, tradicionalmente, as vendas sejam realizadas nas seguintes proporções: 20% das vendas à vista, 50% com faturamento a 30 dias e 30% com faturamento a 60 dias, devendo-se projetar com essas expectativas. Seja uma previsão de vendas em termos monetários:

- Setembro = R$ 100.000,00.
- Outubro = R$ 200.000,00.
- Novembro = R$ 300.000,00.

Então, os recebimentos para o orçamento de caixa serão os apresentados no Quadro 3.2.

Quadro 3.2 Programação dos recebimentos para o orçamento de caixa

Itens	Set. (R$)	Out. (R$)	Nov. (R$)	Dez. (R$)
Recebimentos				
Vendas à vista (20%)	20.000	40.000	60.000	–

(continua)

(continuação)

Itens	Set. (R$)	Out. (R$)	Nov. (R$)	Dez. (R$)
Cobranças após 30 dias (50%)	–	50.000	100.000	150.000
Cobranças após 60 dias (30%)	–	–	30.000	60.000
Outros recebimentos	–	–	–	–
Total de recebimentos	20.000	90.000	190.000	210.000

3.3.3 Projeção dos pagamentos

A segunda tarefa na elaboração do orçamento de caixa é projetar os pagamentos. Os pagamentos incluem todos os desembolsos de caixa no decorrer do período considerado. Os pagamentos mais comuns são:

- Compras à vista.
- Pagamentos de duplicatas.
- Pagamentos de dividendos a acionistas.
- Aluguéis.
- Salários do pessoal e encargos sociais.
- Recolhimento de impostos.
- Aquisição de equipamentos.
- Pagamento de juros.

Todos os pagamentos deverão ser incluídos no período considerado.

Para facilitar a apresentação do assunto, ignoraremos os demais itens de pagamentos e nos concentraremos nas compras. Suponhamos que as compras representem, tradicionalmente, 50% das vendas da empresa, sendo 10% delas pagas à vista, 50% com faturamento de 30 dias e 40% com faturamento de 60 dias. Deixando de lado, provisoriamente, os demais itens de pagamentos, pode-se programar os pagamentos de compras no orçamento de caixa conforme mostrado no Quadro 3.3.

Quadro 3.3 Programação dos pagamentos para o orçamento de caixa

Itens	Set. (R$)	Out. (R$)	Nov. (R$)	Dez. (R$)
Pagamentos				
Compras à vista (10%)	5.000	10.000	15.000	–
Duplicatas com 30 dias (50%)	–	25.000	50.000	75.000
Duplicatas com 60 dias (40%)	–	–	20.000	40.000
Outros pagamentos	–	–	–	–
Total de pagamentos	5.000	35.000	85.000	115.000

3.3.4 Fluxo líquido de caixa

A terceira tarefa na elaboração do orçamento de caixa é calcular o fluxo líquido de caixa, subtraindo-se os pagamentos dos recebimentos em cada mês. Em seguida, soma-se o saldo inicial de caixa de cada mês ao fluxo líquido de caixa para se chegar ao saldo final de caixa para cada mês. E, finalmente, subtrai-se do saldo final de caixa o saldo mínimo de caixa para saber se há excesso (saldo positivo) ou insuficiência de caixa (saldo negativo). Se o saldo final de caixa for menor que o saldo mínimo de caixa, há necessidade de um financiamento. Se o saldo final de caixa for superior ao saldo mínimo de caixa, existe um saldo de caixa excedente que deve ser aplicado.

Cada um dos itens do orçamento de caixa pode ser desdobrado e detalhado de acordo com as necessidades de cada empresa.

3.3.5 Objetivo do orçamento de caixa

O objetivo do orçamento de caixa é operar de maneira a necessitar de um mínimo de dinheiro em caixa suficiente para garantir as operações normais da empresa.

A gestão do caixa requer alguns princípios básicos:

- Retardar ao máximo o pagamento de duplicatas a pagar, sem prejudicar o conceito de crédito da empresa.
- Aproveitar ao máximo quaisquer descontos financeiros nos pagamentos.
- Girar os estoques com a maior rapidez possível, mas evitar faltas de estoque que possam interromper a linha de produção ou perder vendas.
- Receber as duplicatas a receber no menor tempo possível, sem perder vendas por cobrar rigidamente. Esse objetivo pode ser alcançado por meio de descontos financeiros adequados.

A Figura 3.5 permite uma visualização do fluxo de caixa, suas entradas e saídas.

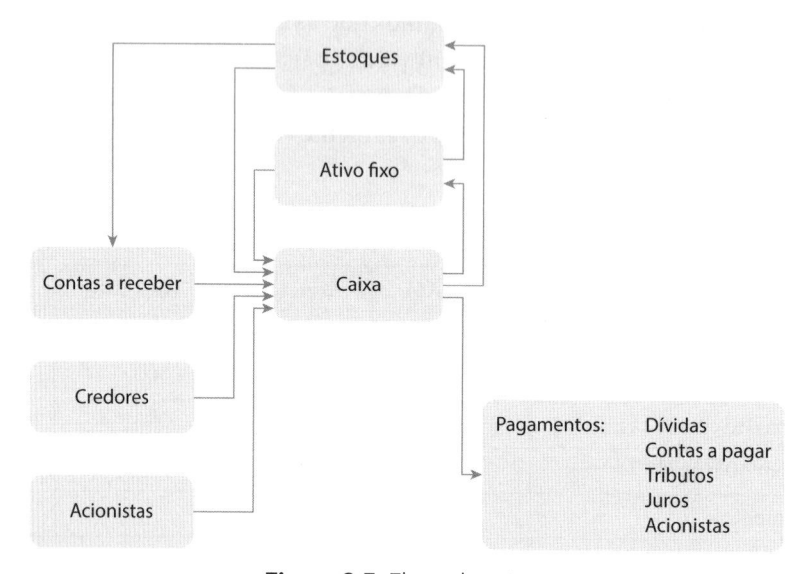

Figura 3.5 Fluxo de caixa.

O fluxo de caixa constitui o termômetro do dia a dia da empresa, ou seja, como a empresa está se comportando quanto aos recebimentos e aos pagamentos de suas operações.

3.4 GESTÃO DE ATIVOS CIRCULANTES

Os principais AC mantidos pela maioria das empresas são as contas a receber e os estoques. Ambos constituem em geral cerca de 80% de todos os AC da maioria das empresas industriais de porte médio. É uma proporção considerável. Daí a extrema importância da administração dos AC da empresa. Por essa razão, discutiremos a seguir a gestão das contas a receber e a gestão financeira dos estoques separadamente.

3.5 GESTÃO DE CONTAS A RECEBER

As contas a receber – principalmente as duplicatas a receber – representam a concessão de créditos em conta-corrente aos clientes. Na realidade, as contas a receber existem para conservar os atuais clientes e atrair novos ou potenciais clientes. As contas a receber são necessárias em todas as atividades comerciais no mundo moderno, e sua administração deve ser feita de modo a minimizar o investimento e, ao mesmo tempo, manter um nível adequado de serviço aos clientes.

Existem três aspectos importantes da gestão de contas a receber: políticas de crédito, condições de crédito e políticas de cobrança. Vejamos cada um desses aspectos.

3.5.1 Políticas de crédito

A política de crédito serve para indicar as bases para a concessão de crédito ao cliente e o valor máximo desse crédito. Em outras palavras, a política de crédito fornece os padrões de crédito para o atendimento aos clientes. Os padrões de crédito definem os critérios mínimos para a concessão de crédito ao cliente, como classificações de crédito, referências de crédito, prazos médios de pagamento, índices financeiros etc. As políticas de crédito dependem de certas variáveis que podem afrouxar ou apertar os padrões de crédito, tais como:

- **Volume de vendas**: depende, muitas vezes, dos padrões de crédito. A mudança nos padrões de crédito pode aumentar ou diminuir as vendas, dependendo se os padrões forem afrouxados (para facilitar o acesso dos clientes aos P/S da empresa) ou apertados (para dificultar seu acesso e, com isso, evitar inadimplências de clientes com pouca liquidez).

- **Período médio de cobrança**: há um custo de manutenção de contas a receber em carteira. Quanto maior o volume de duplicatas a receber, maior será o custo de mantê-las. Se a empresa afrouxar seus padrões de crédito, deverá ocorrer um aumento nas duplicatas a receber e do custo de sua manutenção, ao passo que se a empresa arrochar os padrões de crédito, ocorrerá uma diminuição das duplicatas a receber e do custo de mantê-las.

- **Perda com devedores incobráveis ou duvidosos**: o risco de uma conta tornar-se incobrável aumenta quando os padrões de crédito são afrouxados e diminui quando os padrões se tornam mais exigentes e restritivos.

Definidos os padrões de crédito, a empresa precisa definir procedimentos para avaliar os clientes que solicitam crédito (credibilidade) e o montante máximo de crédito que cada cliente pode receber. Em resumo, a empresa pode determinar uma linha de crédito (montante máximo de crédito) que o cliente pode receber em qualquer época, independentemente de nova avaliação.

A análise do crédito a ser destinado a cada cliente depende de informações e referências bancárias e comerciais, demonstrações financeiras etc., além do próprio histórico do cliente quanto a compras e pagamentos já efetuados.

3.5.2 Condições de crédito

As condições de crédito constituem as condições de pagamento exigidas dos clientes que compram a crédito. As condições de crédito costumam especificar:

- Desconto financeiro para pagamento antecipado ou para pagamento à vista.
- Período de desconto, dentro do qual o cliente pode pagar com o desconto financeiro.
- Período de crédito, ou seja, o prazo para o pagamento.

As condições de crédito afetam a lucratividade da empresa. Quanto maiores os descontos financeiros, períodos de desconto e prazos de crédito concedidos, menor a lucratividade da empresa.

3.5.3 Políticas de cobrança

As políticas de cobrança representam os procedimentos adotados pela empresa para o recebimento das contas a receber nas datas de seus vencimentos. As políticas de cobrança podem ser avaliadas pelo número de clientes inadimplentes ou incobráveis. Na realidade, esse número depende também das políticas de crédito nas quais a empresa se baseou para conceder crédito aos clientes.

Para a empresa reduzir o nível dos devedores duvidosos ou incobráveis, ela aumenta os gastos em cobrança. Porém, esses gastos adicionais de cobrança deverão reduzir as perdas com devedores incobráveis. Caso contrário, os esforços adicionais de cobrança representarão simplesmente um gasto a mais e sem retorno para a empresa.

Assim, a gestão das contas a receber deve ter critérios baseados em políticas de crédito, condições de crédito e políticas de cobrança adequadas às necessidades da empresa.

 **SAIBA MAIS** **Os cinco Cs do crédito**

Gitman[4] faz referência à uma técnica conhecida como Cinco Cs do Crédito, um esquema de referência para pedidos de crédito com valores elevados. Os cinco Cs são:

- **Caráter**: analisar o histórico do cliente e o cumprimento das obrigações.
- **Capacidade**: investigar a capacidade de pagamento em relação ao crédito solicitado. Para tanto, avaliar tendo como base as demonstrações financeiras, dando ênfase no fluxo de caixa disponível para o pagamento de dívidas.
- **Capital**: avaliar o volume de dívidas do cliente em relação ao seu capital próprio.
- **Colateral (garantia)**: avaliar a quantidade de ativos disponíveis para que o cliente possa utilizar para garantia do crédito. Considere que quanto maior o volume de

ativos disponíveis, maior a possibilidade de a empresa recuperar fundos e saldar a dívida.

- **Condições**: avaliar as condições econômicas tanto setoriais quanto gerais em vigor para determinada transação específica.

3.6 GESTÃO FINANCEIRA DE ESTOQUES

Os estoques constituem um AC necessário para que a empresa possa produzir e vender com um mínimo de risco ou preocupação. Os estoques representam um meio de investimento de recursos e podem alcançar uma proporção enorme dos ativos totais. A gestão dos estoques apresenta aspectos financeiros que exigem um estreito relacionamento entre o órgão (ou órgãos) da empresa que cuida(m) dos estoques – como produção, almoxarifado ou vendas – com o órgão da GF. O órgão que cuida dos estoques sempre está focado na facilitação do fluxo físico de produção e comercialização, enquanto a GF se preocupa com o lucro, a liquidez da empresa e a boa aplicação dos recursos empresariais.

Aumente seus conhecimentos sobre **Estoque** na seção *Saiba mais GF* 3.5

Os estoques constituem um vínculo entre as etapas do processo de compra e venda (no processo de comercialização em empresas comerciais) e entre as etapas de compra, transformação e venda (no processo de produção em empresas industriais). Em qualquer ponto do processo formado por essas etapas, os estoques desempenham um papel importante na flexibilidade operacional da empresa. Os estoques funcionam como amortecedores das entradas e saídas entre as duas etapas dos processos de comercialização e produção, pois minimizam os efeitos de erros de planejamento e oscilações inesperadas de oferta e procura, ao mesmo tempo em que isolam ou diminuem a interdependência das diversas partes da organização empresarial. No fundo, os estoques funcionam como um colchão protetor para evitar possíveis paralisações da produção ou atrasos nas entregas de PA.

Como os estoques constituem um investimento, torna-se necessário minimizar tal investimento por meio da rotação mais rápida dos estoques como objetivo financeiro. Contudo, esse objetivo pode conflitar com a manutenção dos estoques suficientes para atender às necessidades da produção e reduzir o risco de faltas de estoque. Assim, a empresa precisa determinar o nível ótimo de estoques capaz de conciliar esses dois objetivos antagônicos e conflitantes.

Existem três tipos básicos de estoque: MP, produtos em fabricação e PA.

3.6.1 Estoque de matérias-primas

O estoque de MP é constituído de todos os itens comprados de fornecedores e que são utilizados para a produção dos produtos ou serviços produzidos pela empresa, por exemplo, plásticos, chapas de aço, parafusos, tecidos, produtos químicos, embalagens etc. Em muitos casos, o estoque de MP pode incluir também componentes, que são itens já processados e que são constituídos de diversos tipos de MP, por exemplo, rádios, motores, caixas de câmbio, sistemas de freios, no caso das indústrias automobilísticas. O nível de estoque de cada MP depende do tempo de espera para receber novos pedidos, da frequência de sua utilização, das características físicas do estoque e, sobretudo, do investimento exigido. As MP ficam geralmente estocadas no almoxarifado. Em indústrias mais sofisticadas que adotam o *just-in-time* (JIT), as MP são entregues diretamente pelos fornecedores aos pontos locais de produção, exigindo estoque próximo ao zero, mas dependendo de condições de qualidade assegurada e de participação direta no processo produtivo.

3.6.2 Estoque de produtos em fabricação

O estoque de produtos em fabricação ou estoque de semiacabados ou, ainda, estoque de materiais em vias é constituído de todos os itens que estão sendo utilizados no processo produtivo. São, na realidade, produtos parcialmente acabados que estão em algum estágio intermediário de produção. Assim, são geralmente estocados ao longo das diversas seções que compõem o processo de produção da empresa. Seu nível de estocagem depende da extensão e da complexidade do processo produtivo.

3.6.3 Estoque de produtos acabados

O estoque de PA é constituído dos itens que foram produzidos pela empresa, mas ainda não estão vendidos ou não foram entregues aos clientes. As empresas que produzem sob encomenda costumam manter estoques de PA muito baixos, pois praticamente todos os itens são vendidos antes de serem produzidos. Contudo, nas empresas que produzem em lotes ou em produção contínua, a maioria dos produtos é produzida antes da venda. O nível de estoque de PA é determinado pela previsão de vendas, pelo processo produtivo e pelo investimento exigido em PA. Os PA ficam geralmente estocados no depósito de PA.

3.6.4 Gestão de estoques

A gestão de estoques é a atividade de planejar e controlar acúmulos de recursos transformados à medida que eles se movem por meio das cadeias de suprimentos, operações e processos. Ela constitui uma série de ações que permitem verificar e monitorar se os estoques estão sendo bem utilizados, bem localizados em relação às áreas que deles utilizam, bem manuseados e bem controlados. Assim, a administração de estoques visa gerir recursos ociosos possuidores de valor econômico e destinados ao suprimento das necessidades futuras de material de uma empresa. Em primeiro lugar, ela visa manter os recursos ociosos expressos pelo inventário em constante equilíbrio em relação ao nível econômico ótimo dos investimentos. Em segundo lugar, ela visa manter certa quantidade de itens em disponibilidade constante e renovados continuamente para produzir lucros e serviços. Assim, o estoque funciona como um pulmão ou bolsão contra flutuações inesperadas no suprimento e na demanda – conhecido também como estoque de segurança – no sentido de compensar as incertezas no processo de suprimento de mercadorias para a empresa. Nesse sentido, o estoque permite que as operações possam tirar vantagens das oportunidades de CP. Além disso, podem surgir oportunidades de preços e condições imperdíveis que implicam o acúmulo do estoque, mesmo quando não existe demanda imediata para ele. Deve-se lembrar que o estoque também pode ser usado para antecipar demandas futuras e assegurar o gerenciamento da capacidade produtiva a MP usando o estoque para lidar com as flutuações da capacidade e da demanda. O estoque assume importante papel nas funções administrativas e no planejamento global da empresa.[5]

O estoque é um investimento à medida que se exige que a empresa empregue seu dinheiro durante certo período em que o estoque não é trabalhado. O investimento médio em estoque pode ser calculado a partir do estoque médio.

As técnicas mais utilizadas na gestão de estoque são: o sistema ABC e o modelo do lote econômico. Embora sejam técnicas específicas de Gestão de Materiais (GM) ou de Gestão de Produção (GP), é interessante conhecer alguns aspectos principais que interessam ao profissional de GF.

3.6.5 Sistema ABC

O estoque sempre existirá porque ocorre uma diferença de ritmo ou de taxa entre o fornecimento e a demanda. Se o fornecimento de qualquer item ocorresse exatamente quando fosse demandado, o item nunca necessitaria ser estocado. Quando a taxa de fornecimento excede a taxa de demanda, o estoque aumenta; quando a taxa de demanda excede a taxa de fornecimento, o estoque diminui. O ponto óbvio a ressaltar é que, se uma operação pode fazer esforços para casar as taxas de fornecimento e de demanda, acontecerá uma redução em seus níveis de estoque.[6]

 Aumente seus conhecimentos sobre **Curva ABC** na seção *Saiba mais GF* 3.6

O sistema ABC é um sistema de controle de estoque que separa o estoque em três grupos de itens: A, B e C.

- **Itens do grupo A**: são aqueles que requerem o maior investimento. Em geral, aproximadamente 20% dos itens estocados são responsáveis por aproximadamente 80% do investimento da empresa. São os itens mais caros e de giro lento.

- **Itens do grupo B**: representam o maior investimento depois de A. Em geral, compõem aproximadamente 30% dos itens e representam cerca de 15% do investimento em estoques.

- **Itens do grupo C**: representam cerca de 50% ou mais de todos os itens do estoque e são responsáveis por apenas 5% do investimento.

As informações apresentadas no Quadro 3.4 mostra essa distribuição.

Quadro 3.4 Distribuição dos itens segundo o sistema ABC

Classificação ABC	% de quantidade em estoque	% de valores em estoque
A	20	80
B	30	15
C	50	5

A curva ABC costuma ser a representada como na Figura 3.6.

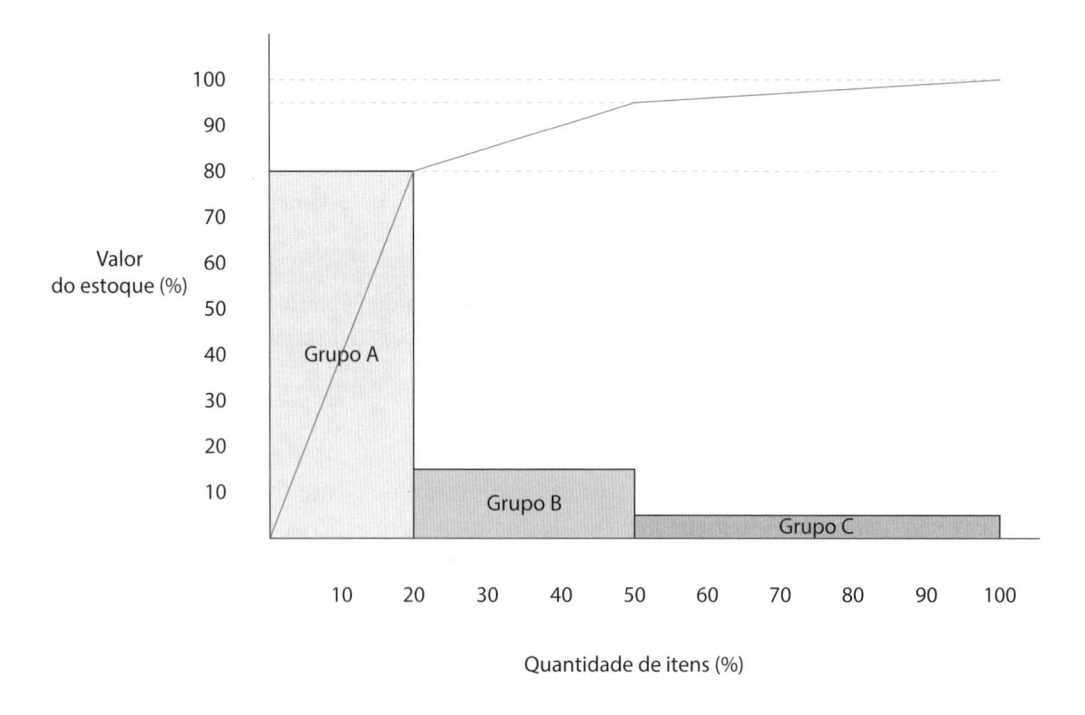

Figura 3.6 Curva 80/20 do sistema ABC.

O gráfico apresentado na Figura 3.6 mostra que os materiais considerados grupo A devem merecer tratamento administrativo preferencial no que diz respeito à aplicação de políticas de controle de estoques. Os itens classificados como grupo C não justificam a introdução de controles muito precisos, devendo receber tratamento administrativo mais simples. Os itens classificados como grupo B podem ser submetidos a um sistema de controle administrativo intermediário entre aqueles classificados como A e C. Dessa maneira, a divisão do estoque em itens A, B e C possibilita determinar o nível e os procedimentos adequados para o controle de estoques. O controle dos itens A do estoque deve ser mais intenso, devido ao elevado investimento, enquanto o dos itens B e C exige procedimentos mais simples de controle.

O princípio ABC pode ser aplicado aos mais variados tipos de análise em que se pretende priorizar a definição daquilo que é mais ou menos importante em um extenso universo de situações e, assim, estabelecer o que merece maior ou menor atenção por parte da administração. Contudo, a aplicação pura e simples do princípio ABC sem considerar aspectos diferenciados inerentes aos materiais quanto à sua utilização, aplicação e aquisição, pode trazer distorções quanto à classificação de importância e às estratégias de utilização daqueles.[7]

3.6.6 Lote econômico de estoque

O Lote econômico de estoque (LEC) é uma técnica usada para determinar a quantidade ótima de estoque para cada item. É mais indicado para controlar itens do grupo A. O LEC significa a quantidade de um item que, quando comprado regularmente, minimiza os custos de compras e de armazenagem. É um cálculo que leva em conta os vários custos operacionais e financeiros e determina a quantidade ótima do pedido de compra.

Os custos relacionados com a estocagem podem ser divididos em três grupos: custos da emissão de pedidos, custos de manutenção do estoque e custos totais.

1. **Custos da emissão de pedidos**: ou simplesmente custos de pedir. Incluem os custos fixos administrativos para se efetuar e receber um pedido (o custo de preencher um pedido de compra, de processar o serviço burocrático e de receber um pedido e conferi-lo de acordo com a fatura). É calculado pela soma de todos os custos (pessoal, aluguéis, material, processamento, contatos etc.) com o número de pedidos em cada período mensal ou anual. Os custos de pedir são expressos em termos monetários por pedido.

2. **Custos de manutenção do estoque**: os custos de manter estoque são os custos variáveis pela manutenção de um item em estoque durante determinado tempo. Incluem custos de armazenagem, custos de seguro, pessoal envolvido, aluguel de áreas de armazenagem, custos de deterioração e obsolescência e custos financeiros de empatar em estoques. Os custos de manter também são expressos em termos monetários por unidade.

3. **Custos totais**: representam a soma dos custos de pedir e de manter estoques.

Em função desses custos, pode-se estimar o LEC, ou seja, o nível de estocagem que apresenta o menor custo possível.

3.6.7 Investimento em estoque

De modo geral, o investimento em estoque ocorre em função do volume de vendas projetado para o futuro próximo e depende também dos seguintes aspectos:

- **Disponibilidade no mercado e facilidades de obtenção entre os fornecedores**: quanto maiores a disponibilidade e a facilidade, menor o nível de estoque necessário.
- **Ciclo de produção da empresa**: quanto mais longo for o ciclo produtivo da empresa, maior a necessidade de estoque de MP.
- **Previsibilidade de venda**: quanto mais previsível for a venda, menor a necessidade de estoque.
- **Durabilidade do material**: quanto maior a durabilidade dos itens estocados, maior a possibilidade de estocá-los. Itens perecíveis ou deterioráveis impõem estoques de grande rotação e de CP de estocagem.

A GF deve determinar se não existem recursos demasiados investidos em todos os tipos de estoque da empresa. O estoque é um investimento que consome dinheiro e que precisa ser dimensionado exatamente de acordo com as necessidades da empresa para que não haja falta nem demasia.

QUESTÕES PARA REVISÃO

1. Quais são os itens envolvidos pela administração do capital de giro?
2. Quais são os AC mais importantes?
3. Quais são os PC mais importantes?
4. Qual é o objetivo da administração do capital de giro?

5. Por que a administração do capital de giro é a atividade mais conhecida da Administração Financeira (AF)?

6. Conceitue capital.

7. Como o capital pode ser classificado quanto à propriedade?

8. Do que é composto o capital próprio?

9. Do que é composto o capital de terceiros?

10. Defina risco econômico.

11. Defina risco financeiro.

12. Explique o que ocorre quando duas empresas assumem o mesmo risco econômico, mas diferentes riscos financeiros.

13. Explique o que ocorre quando duas empresas assumem o mesmo risco financeiro, mas diferentes riscos econômicos.

14. Como o capital pode ser classificado quanto à sua utilização?

15. Defina capital fixo.

16. Defina capital de giro ou capital circulante.

17. Defina CGB.

18. Defina CGL.

19. Quais são os dilemas da administração do capital de giro?

20. Explique o dilema entre liquidez e rentabilidade dos AC.

21. Como a AF concilia o risco e o retorno da empresa?

22. Conceitue risco.

23. Conceitue retorno.

24. Quais são as maneiras de se aumentar o lucro?

25. Quais são as maneiras de se reduzir os custos?

26. Qual é a relação entre os AC e os PC do capital de giro e o ciclo de operações da empresa?

27. Conceitue ciclo de caixa.

28. Conceitue fluxo de caixa.

29. Conceitue orçamento de caixa.

30. Quais são as origens básicas do caixa?

31. Quais são as aplicações mais comuns do caixa?

32. O que é planejamento financeiro de CP?

33. Explique a composição do orçamento de caixa.

34. Explique a composição dos recebimentos do orçamento de caixa.

35. Explique a composição dos pagamentos do orçamento de caixa.

36. Explique o cálculo do saldo final de caixa.

37. O que é saldo mínimo de caixa?

38. Como se calcula a necessidade de financiamento ou de aplicação?

39. Quais são os princípios básicos da administração do caixa?

40. Explique por meio de um gráfico como funciona o fluxo de caixa.

41. Na administração de AC, quais são os mais importantes?

42. O que as contas a receber representam para a empresa?

43. Qual é o objetivo da administração de contas a receber?

44. Quais são os três aspectos importantes da administração de contas a receber?

45. Explique as políticas de crédito.

46. O que são padrões de crédito?

47. O que significa análise de crédito?

48. Explique as condições de crédito.

49. Explique as políticas de cobrança.

50. O que significa administração financeira de estoques?

51. O que os estoques representam para a empresa e para a AF?

52. De que aspectos depende o investimento em estoque?

53. Quais são os tipos de estoques e qual seu significado para a AF?

54. O que é sistema ABC?

55. Defina LEC.

56. Qual é o objetivo da administração financeira de estoque?

REFERÊNCIAS

1. Adaptado de: SANVICENTE, A. Z. *Administração financeira*. São Paulo: Atlas, 1988. p. 121.

2. Baseado em GITMAN, L. J. *Princípios da administração financeira*. 10. ed. São Paulo: Pearson, 2006.

3. Adaptado de: GITMAN, L. J. *Princípios de administração financeira*. São Paulo: Harbra, 1987. p. 208-210.

4. Baseado em GITMAN, J. L. *Administração financeira*, op. cit.

5. MARTINS, P. G. *Administração de materiais e recursos patrimoniais*. São Paulo: Saraiva, 2006.

6. CHAMBERS, S.; JOHNSTON, R.; SLACK, N. *Administração da produção*. São Paulo: Atlas, 2002.

7. DIAS, M. A. P. *Administração de materiais*: resumo da teoria, questões de revisão, exercícios, estudo de casos. São Paulo: Atlas, 2002.

4 ANÁLISE DO BALANÇO E DAS DEMONSTRAÇÕES FINANCEIRAS

As demonstrações financeiras, também conhecidas como relatórios contábeis, representam uma rica fonte de informações, utilizadas por diversos atores, entre os quais credores, acionistas, investidores e, claro, os executivos da organização. As informações que alimentam os relatórios das demonstrações financeiras são provenientes de livros, registros e documentos que compõem o sistema contábil da organização. Nesse contexto, é importante distinguir relatórios de demonstrações financeiras de **análise** dessas demonstrações. Os relatórios contêm diversos indicadores, que devem ser consistentes, auditados e de qualidade. Esses dados, por sua vez, devem ser analisados e transformados em **informações**, que serão utilizadas para auxiliar a organização nas tomadas de decisões, bem como para os investidores e credores avaliarem quais são a posição econômica financeira da instituição e as tendências futuras. Serve também como subsídio para análise e decisão de concessão de crédito e de investimento. Por meio dos relatórios das demonstrações financeiras, o gestor financeiro e os demais *stakeholders* interessados conseguem mensurar, ao longo de determinado período que foi o de apontamento dos dados, os índices de liquidez, de endividamento, de rentabilidade, do ciclo operacional e financeiro, entre outros indicadores que formam um leque de importantes informações, seja para os acionistas, seja para os executivos, credores ou investidores.

INTRODUÇÃO

Para poder realizar tanto o planejamento financeiro quanto o controle financeiro, a Gestão Financeira (GF) precisa constantemente acompanhar e verificar os efeitos das operações da empresa sobre suas próprias condições financeiras e avaliar se os ativos da empresa estão sendo adequadamente administrados do ponto de vista da liquidez, da rentabilidade e da eficiência operacional. Por outro lado, a GF precisa demonstrar os resultados financeiros das operações da empresa à alta direção para que esta possa ter uma ideia de como os fundos disponíveis estão sendo utilizados e aplicados e tomar futuras decisões. Assim, a GF precisa oferecer demonstrações financeiras que permitem dois tipos de análise:

1. **Análise interna para uso da própria empresa**: no sentido de obter informação relevante e retroação do ponto de vista financeiro sobre suas próprias atividades e proporcionar bases sólidas para as decisões empresariais.

2. **Análise externa para uso de terceiros**: é a análise feita por pessoas do mundo dos negócios ou organizações que realizam transações com a empresa e que precisam medir e avaliar sua situação geral ou analisar sua liquidez, rentabilidade, eficiência operacional e endividamento. São bancos ou instituições financeiras (que fornecem recursos financeiros, por meio de empréstimos ou financiamentos), investidores (pessoas físicas ou jurídicas que pretendem adquirir ações da empresa), concorrentes (que desejam comparar sua atuação com a empresa). São variados grupos de interesse que constantemente procuram analisar o desempenho da empresa por meio de análises das demonstrações financeiras.

Veremos ao longo deste capítulo as principais técnicas de avaliação das condições financeiras e operacionais de uma empresa, como demonstrações primárias e secundárias, métodos horizontal e vertical, e uma variedade de índices financeiros. Tudo isso representa um arsenal de meios e métricas para se avaliar e medir o desempenho e as condições de saúde financeira da empresa. O que não se pode medir não se pode administrar. Mensuradores, métricas e indicadores são elementos vitais para se avaliar a saúde financeira da empresa. É o que veremos a seguir.

 SAIBA MAIS **Utilidade das demonstrações financeiras**

A utilização de demonstrações financeiras proporciona uma medida relativa do desempenho financeiro da empresa que permite comparações com exercícios anteriores como também com outras empresas no mercado. De um lado, permite avaliar os padrões históricos da própria empresa ao longo de suas operações, bem como fazer previsões a respeito de suas futuras operações.

Além disso, as demonstrações financeiras são utilizadas para se fazer um diagnóstico sobre a situação econômica da organização. Isso possibilita um processo mais assertivo para a tomada de decisões por parte dos executivos, a fim de manter o ritmo do negócio. Além dos gestores, as demonstrações financeiras são utilizadas pelos credores, pelos acionistas, pelo governo e por outros agentes econômicos, para conhecer a saúde financeira da empresa, já que apresenta, em detalhes, os informes financeiros da organização. É por meio das demonstrações financeiras que a empresa consegue apurar seus impostos, controlar o fluxo de caixa e gerenciar melhor a empresa. Importante salientar que cada demonstração pode ter um objetivo específico. É por meio das demonstrações que a organização consegue aprovar financiamento, pois demonstra para o credor sua capacidade de arcar com a dívida. Outra importante utilidade é a captação de potenciais investidores, que podem tomar decisão após consultar os demonstrativos financeiros.

4.1 DEMONSTRAÇÕES FINANCEIRAS

A análise de demonstrações financeiras é um conjunto de meios e métricas por meio dos quais se examinam as condições financeiras e operacionais de uma empresa por dados fornecidos pelas demonstrações financeiras, sejam elas primárias ou secundárias.

Assim, como veremos adiante, as demonstrações financeiras podem ser:

- **Primárias**: como o Balanço Patrimonial (BP) e a Demonstração dos Resultados do Exercício (DRE).
- **Secundárias**: como a Demonstração das Origens e Aplicações de Recursos (DOAR).

A finalidade da análise das demonstrações financeiras é proporcionar uma visão comparativa da situação financeira e do desempenho da empresa, bem como os resultados por ela proporcionados.

Vimos que a análise das demonstrações financeiras é importante dos pontos de vista interno e externo da empresa. Do ponto de vista interno, porque permite à própria empresa diagnosticar sua situação financeira, monitorar seu desempenho e tomar as medidas necessárias para melhorá-la ou corrigi-la. Do ponto de vista externo, porque permite a terceiros as condições básicas para avaliar o desempenho financeiro e operacional da empresa e tomar decisões sobre suas transações com ela. É o caso de bancos e instituições financeiras, investidores, acionistas e fornecedores que precisam constantemente conhecer as condições financeiras da empresa a fim de tomarem suas decisões sobre as transações e intercâmbios com ela, seja na forma de compra e/ou venda de ações, títulos, debêntures, seja na forma de empréstimos, financiamentos, operações financeiras etc.

4.2 TIPOS DE DEMONSTRAÇÕES FINANCEIRAS

A Lei nº 6.404/76 determina que, ao fim de cada exercício social, a empresa deve elaborar as seguintes demonstrações financeiras, tendo por base sua escrituração mercantil:

- BP.
- DRE.
- DOAR.
- Demonstração de Lucros ou Prejuízos Acumulados (DLPAC).
- Demonstrações de Fluxo de Caixa (DFC).

A citada lei orienta que todas as demonstrações financeiras sejam complementadas por notas explicativas e quadros analíticos ou demonstrações contábeis para o esclarecimento da situação patrimonial e dos resultados do exercício. Além disso, as demonstrações de cada exercício deverão ter a indicação dos valores correspondentes às demonstrações do exercício anterior.

O BP e a DRE constituem demonstrações financeiras primárias, enquanto a DOAR constitui uma demonstração financeira secundária, que será estudada mais adiante.

 Aumente seus conhecimentos sobre **DFC, DVA e DLPA** na seção *Saiba mais GF 4.1*

Inicialmente, trataremos do BP e da DRE. A DOAR será tratada na parte final deste capítulo, dedicada à análise do fluxo de fundos.

4.3 BALANÇO PATRIMONIAL

O BP é uma demonstração financeira que reflete com clareza a situação do patrimônio da empresa em determinado momento. Constitui a representação sintética dos elementos que compõem o patrimônio da empresa em determinada data.

O patrimônio da empresa é constituído de bens, direitos e obrigações. A estrutura do BP é composta de dois grandes grupos: do lado esquerdo, o ativo (constituído dos bens e direitos pertencentes à empresa, ou seja, as aplicações de recursos em bens e direitos), e do lado direito, o passivo (constituído das obrigações com credores e terceiros, ou seja, as várias fontes de recursos que permitem as aplicações no ativo).

Para tanto, a empresa precisa classificar suas contas de acordo com os elementos de seu patrimônio. O ativo mostra onde a empresa aplicou seus recursos (como dinheiro, estoques, créditos, valores mobiliários, bens de uso etc.), e o passivo mostra a origem desses recursos

 Aumente seus conhecimentos sobre **Ativo e passivo** na seção *Saiba mais GF 4.2*

(capital, lucros, fornecedores, bancos etc.). Por definição, a soma dos dois lados do balanço deve ser equivalente. Assim, o BP tem uma estrutura que pode ser esquematizada conforme o Quadro 4.1.

Quadro 4.1 Estrutura simplificada do BP

Ativo	Passivo
ATIVO CIRCULANTE	PASSIVO CIRCULANTE
Disponível em caixa/bancos	Dívidas com fornecedores
Créditos com clientes	Dívidas com instituições financeiras
Estoques	Contribuições a pagar
Títulos e valores mobiliários	Imposto a pagar
Despesas do exercício seguinte	Títulos e contas a pagar

(continua)

(continuação)

Ativo	Passivo
REALIZÁVEL A LONGO PRAZO	EXIGÍVEL A LONGO PRAZO
Obrigações da Eletrobras	Crédito de sócios e diretores
Depósitos do Fundo de Garantia do Tempo de Serviço (FGTS) – não optantes	FGTS – não optantes
Empréstimos a sócios e diretores	Créditos de firmas interligadas
Empréstimos a firmas interligadas	RESULTADOS DE EXERCÍCIOS FUTUROS
ATIVO PERMANENTE	Rendas antecipadas
Investimentos	PATRIMÔNIO LÍQUIDO
Participação em empresas	Capital
Imóveis	Capital subscrito e a realizar
Imobilizado	Reserva de capital
Bens de uso	Reservas de reavaliação
Outros valores	Reservas de lucros
Diferido	Lucros (ou prejuízos) acumulados
Total do ativo	**Total do passivo**

O BP pode ser resumido pela seguinte equação:

$$A = PE + PL$$

Em que:

A: ativo total = soma dos bens e direitos da empresa. É o total de recursos à disposição da empresa.

PE: passivo exigível = soma das obrigações e dívidas com terceiros.

PL: patrimônio líquido = soma do capital, das reservas e dos lucros acumulados menos a soma do capital a integralizar e dos prejuízos acumulados. É o capital próprio ou que pertence aos proprietários ou acionistas da empresa. Mede a riqueza da empresa.

Os valores enumerados no BP constituem os saldos das várias contas do plano de contas de ativo e de passivo em determinado dia. Nessa data, o balanço especifica o estoque existente, quanto a empresa vendeu no período, quanto pagou de salários, quanto deve de impostos etc.

No Quadro 4.2, são apresentados os balanços dos anos x e y de uma empresa fictícia – o Lanifício Santa Rita – e que servirão de base para análises financeiras apresentadas no decorrer deste capítulo.

Quadro 4.2 BP do Lanifício Santa Rita – ano x

Ativo		Passivo	
Em R$ 1.000,00		Em R$ 1.000,00	
Ativo circulante		**Passivo circulante**	
Disponibilidades	26.953	Fornecedores	21.897
Aplicações temporárias	10.400	Instituições financeiras	157.590
Contas a receber (clientes)	71.811	Impostos a recolher	21.622
Estoques	171.407	Outras exigibilidades a curto prazo	65.315
Outros ativos circulantes	41.413		
Ativo circulante	321.984	Passivo circulante	266.424
Realizável a longo prazo	**8.636**	**Exigível a longo prazo**	
Ativo permanente		Instituições financeiras	8.631
Investimentos	630	Debêntures	37.508
Imobilizado (líquido)	174.395	Outras exigibilidades a longo prazo	23.280
Outros ativos	4.468	**Exigível a longo prazo**	**69.419**
Ativo permanente	**179.493**	PL	
		Capital realizado	30.186
		Reservas	135.842
		Lucros acumulados	8.242
		PL	**174.270**
Total do ativo	**510.113**	**Total do passivo**	**510.113**

Quadro 4.3 BP do Lanifício Santa Rita – ano y

Ativo		Passivo	
Em R$ 1.000,00		Em R$ 1.000,00	
Ativo circulante		**Passivo circulante**	
Disponibilidades	3.291	Fornecedores	38.907
Aplicações temporárias	4.786	Instituições financeiras	101.108
Contas a receber (clientes)	14.016	Impostos a recolher	13.533
Estoques	79.115	Outras exigibilidades a curto prazo	43.587
Outros ativos circulantes	41.522		
Ativo circulante	142.730	Passivo circulante	197.135

(continua)

(continuação)

Ativo		Passivo	
Realizável a longo prazo	**379.047**	**Exigível a longo prazo**	
Ativo permanente		Instituições financeiras	26.084
Investimentos	268.783	Debêntures	57.100
Imobilizado (líquido)	349.152	Outras exigibilidades a longo prazo	92.000
Outros ativos	50	**Exigível a longo prazo**	**175.184**
Ativo permanente	**617.985**	PL	
		Capital realizado	122.889
		Reservas	664.554
		Lucros acumulados	–
		PL	**767.443**
Total do ativo	**1.139.762**	**Total do passivo**	**1.139.762**

SAIBA MAIS BP

Uma distinção importante no BP refere-se ao ativo circulante (AC) e ao passivo circulante (PC), pois são de curto prazo (CP) e, espera-se, que sejam convertidos em caixa (ativos) ou pagos (passivos) em um período de até um ano, diferentemente dos demais ativos ou passivos permanentes, que podem se manter no balanço por prazo indefinido, mas com prazo superior a um ano. As apresentações desses ativos no Balanço devem partir daqueles com maior liquidez, no caso o Caixa. A seguir, os títulos com alta liquidez, ou seja, que são negociados rapidamente, por exemplo, Letras do Tesouro, pois podem ser rapidamente revertidos em dinheiro. As Contas a Receber são valores decorrentes de vendas a prazo para os clientes e são consideradas na sequência dos Títulos Negociáveis, haja vista que sua liquidez é menor. Os estoques acabados ou parcialmente acabados são considerados ativos de CP e, portanto, entram nessa coluna. Demais ativos de CP (circulantes) que não forem listados nas contas mencionadas, podem ser considerados como outros ativos circulantes. Após listar os AC (ou de CP), o Balanço deve constar os ativos realizáveis de longo prazo, ou seja, aqueles com um prazo superior a um ano. Os que a empresa deverá receber no próximo exercício fiscal são os ativos da mais baixa liquidez. Por fim, constar os AP (ativos permanentes ou fixos). Essa mesma lógica deve ser obedecida ao listar os passivos e o PL, ou seja, iniciar pelos PC com o prazo mais curto para os de prazo mais longo.

4.4 DEMONSTRAÇÃO DO RESULTADO DO EXERCÍCIO

A DRE é um demonstrativo financeiro que serve para exprimir com clareza o resultado que a empresa obteve no exercício social. A DRE mostra a consequência – o lucro ou o prejuízo – das operações da empresa realizadas em determinado período, bem como os fatores – despesas e receitas – que provocaram esse resultado positivo ou negativo. A DRE é também denominada Demonstração dos Lucros ou Prejuízos Acumulados.

A DRE começa com a receita bruta (valor do faturamento das vendas ou dos serviços, isto é, a receita total da empresa) e, por meio de sucessivas adições e subtrações, chega-se ao resultado líquido do exercício, como mostra o Quadro 4.4.

Quadro 4.4 Estrutura da DRE

		DRE
		RECEITA BRUTA
(menos)	-	Deduções da receita bruta
(igual a)	=	RECEITA LÍQUIDA
(menos)	-	Custo da receita
(igual a)	=	LUCRO BRUTO
(mais)	+	Outras receitas operacionais
(menos)	-	Despesas operacionais
(igual a)	=	LUCRO OPERACIONAL
(menos)	-	Despesas extraoperacionais
(mais)	+	Receitas extraoperacionais
(mais ou menos)		Resultado da correção monetária
(igual a)	=	RESULTADO ANTES DO IR
(menos)	-	Provisão para IR
(menos)	-	Participações diversas (diretores/empregados)
(igual a)	=	LUCRO OU PREJUÍZO LÍQUIDO
		Lucro líquido por ação

O lucro líquido representa o resultado do exercício depois de descontada a provisão para o IR. Se dividirmos o lucro líquido pela receita e multiplicarmos por 100, teremos a margem de lucro sobre vendas. A margem de lucro sobre vendas mede quanto a empresa lucrou para cada cem reais faturados.

O lucro líquido por ação (LLA) da empresa é um dado importante para a direção e para os acionistas atuais ou potenciais, pois representa o ganho para cada ação ordinária emitida. Deve-se esclarecer que não tem nada a ver com os lucros efetivamente distribuídos aos acionistas. Seu cálculo é feito pela equação:

$$LLA = \frac{\text{lucro disponível aos acionistas comuns}}{\text{número de ações ordinárias emitidas}}$$

No Quadro 4.5, são apresentadas as DRE de uma empresa fictícia, o Lanifício Santa Rita, referentes aos anos x e y, que serão utilizadas no decorrer deste capítulo.

Quadro 4.5 DRE do Lanifício Santa Rita – anos x e y

	x	y
	Em R$ 1.000,00	Em R$ 1.000,00
Receita operacional bruta	787.538	1.752.819
Receita operacional líquida	787.538	1.752.819
Custo dos produtos vendidos	(526.966)	(1.421.770)
Lucro bruto	**260.572**	**331.049**
Depreciação	(47.223)	(8.791)
Despesas com vendas e administração	(86.387)	(168.767)
Despesas financeiras	(169.711)	(498.863)
Receitas financeiras	43.063	225.697
Outras receitas operacionais	2.696	11.291
Resultado da equivalência patrimonial	-	33.757
Resultado operacional	**3.010**	**(74.627)**
Resultado não operacional	5.416	26.790
Resultado da correção monetária	(2.680)	(77.678)
Ganhos de capital	-	41.793
Resultado antes	**Ir: 5.746**	**(83.722)**
Provisão para IR	(4.631)	-
Resultado líquido do exercício	**1.115**	**(83.722)**

Saber analisar as demonstrações financeiras é uma tarefa fundamental para o executivo de GF ou para quem queira investir em ações da empresa, bem como para quem pretenda oferecer empréstimos ou contratar investimentos. Para aprofundar essa análise, é comum utilizar-se uma variedade de técnicas que veremos a seguir. Essas técnicas incluem vários tipos de análise financeira, índices financeiros e análise do fluxo de fundos, assuntos que serão tratados na sequência.

SAIBA MAIS **Ano fiscal**

O ano fiscal, também denominado de exercício fiscal, corresponde a 360 dias, cujo início necessariamente não coincide com o ano social. O mês de início pode variar de país para país. Por exemplo, no Brasil, o ano fiscal obrigatoriamente tem início em 1º de janeiro e se encerra em 31 de dezembro, coincidindo com o ano social. Já nos Estados Unidos, tem início em 1º de outubro e se encerra no dia 30 de setembro. Geralmente, as empresas dividem o ano fiscal em quatro trimestres, e cada trimestre é conhecido como um *quarter*. Essa divisão facilita a análise de relatórios parciais e acompanhamento dos resultados, podendo corrigir eventuais desvios dos objetivos traçados. A determinação do ano fiscal é muito importante, pois padroniza para todas as empresas o período de apuração e demonstração de seus demonstrativos financeiros. Esse procedimento facilita, por exemplo, para que os investidores possam analisar e comparar relatórios de diversas empresas, para tomada de decisões sobre onde investir.

4.5 TIPOS DE ANÁLISE FINANCEIRA

Existem dois tipos de análise de demonstrativos financeiros: a análise horizontal e a análise vertical. Vejamos cada um deles.

4.5.1 Análise horizontal

A análise horizontal tem a finalidade de mostrar a evolução dos itens das demonstrações contábeis através de períodos. A demonstração financeira utiliza a análise horizontal quando acompanha a evolução de determinado item no decorrer do tempo. O item escolhido é comparado por meio do seu valor em um exercício anual e no exercício anterior (ou exercícios anteriores) para se verificar a porcentagem de variação ocorrida nesses exercícios. Assim, calculam-se os números-índices estabelecendo o exercício mais antigo como índice-base 100 e avaliam-se percentualmente os aumentos anuais.

A análise horizontal também pode ser feita para todos os itens do BP, como no Quadro 4.6.

Quadro 4.6 Demonstração financeira por meio de análise horizontal – variação percentual do BP do ano *y* sobre o ano *x* do Lanifício Santa Rita (conforme Quadros 4.2 e 4.3)

Ativo		Passivo	
Variação dos anos y/x (%)		Variação dos anos y/x (%)	
AC		PC	
Disponibilidades	(87,79)	Fornecedores	+76,95
Aplicações temporárias	(53,98)	Instituições financeiras	(35,84)

(continua)

(continuação)

Ativo		Passivo	
Variação dos anos y/x (%)		**Variação dos anos y/x (%)**	
Contas a receber (clientes)	(80,48)	Impostos a recolher	(37,41)
Estoques	(53,84)	Outras exigibilidades a curto prazo	(33,27)
Outros ativos circulantes	+ 0,26		
AC	**(55,67)**	**PC**	**(26,01)**
Realizável a longo prazo	**+ 3.389,15**	**Exigível a longo prazo**	
		Instituições financeiras	+202,21
Ativo permanente		Debêntures	+52,23
Investimentos	+32.663,97	Outras exigibilidades a longo prazo	+295,19
Imobilizado (líquido)	+100,21	**Exigível a longo prazo**	**+152,36**
Outros ativos	(98,88)		
Ativo permanente	**+244,29**	**PL**	
		Capital realizado	+307,11
		Reservas	+374.49
		Lucros acumulados	(100,00)
		PL	**+340,38**
Total do ativo	**+123,43**	**Total do passivo**	**+123,43**

 É interessante confrontar os resultados percentuais obtidos na análise horizontal com algum indicador que sirva como referência, por exemplo, a taxa de inflação no período, a evolução do mesmo item nas empresas concorrentes, a taxa de crescimento do mercado etc. Com isso, pode-se avaliar se a variação do item foi maior ou menor do que a variação do indicador tomado como referência. A evolução do item pode ser comparada com a evolução dos demais itens para verificar quais itens mais cresceram, aqueles que ficaram estacionários e os que tiveram a menor variação.

4.5.2 Análise vertical

A análise vertical serve para facilitar a avaliação da estrutura do ativo e do passivo, bem como a participação de cada item da DRE na formação do lucro ou prejuízo. A demonstração financeira utiliza a análise vertical quando compara a participação relativa de cada item no cômputo total, isto é, quando analisa a composição percentual de todos os itens de uma demonstração financeira. O cálculo do percentual de participação relativa dos itens do ativo e do passivo é feito dividindo-se o valor de cada item pelo valor total do ativo ou do passivo. Ao comparar a análise vertical de dois exercícios, é possível verificar quais itens cresceram percentualmente, aqueles que diminuíram e os que mantiveram sua participação percentual no total de todos os itens.

Quadro 4.7 Demonstração financeira por meio de análise vertical – participação percentual das contas do BP do Lanifício Santa Rita nos exercícios dos anos *x* e *y* (conforme Quadros 4.2 e 4.3)

Balanço Patrimonial	Participação percentual (%)	
	Ano x	Ano y
AC		
Disponibilidades	5,28	0,29
Aplicações temporárias	2,04	0,42
Contas a receber (clientes)	14,08	1,23
Estoques	33,6	6,94
Outros ativos circulantes	8,12	3,64
AC	**63,12**	**12,52**
Realizável a longo prazo	**1,69**	**33,26**
Ativo permanente		
Investimentos	0,12	23,58
Imobilizado (líquido)	34,19	30,63
Outros ativos	0,88	0,01
Ativo permanente	**35,19**	**54,22**
Total do ativo	100	100
Passivo		
PC		
Fornecedores	4,29	3,41
Instituições financeiras	30,89	8,87
Impostos a recolher	4,24	1,19
Outras exigibilidades a curto prazo	12,8	3,82
PC	**52,23**	**17,3**
Exigível a longo prazo		

(continua)

(continuação)

Balanço Patrimonial	Participação percentual (%)	
	Ano x	**Ano y**
Instituições financeiras	1,69	2,29
Debêntures	7,35	5
Outras exigibilidades a longo prazo	4,56	8,07
Exigível a longo prazo	**13,61**	**15,37**
PL		
Capital realizado	5,92	10,78
Reservas	26,63	56,55
Lucros acumulados	1,62	-
PL	**34,16**	**67,33**
Total do passivo	**100**	**100**

A análise horizontal e a análise vertical se complementam. Por isso, elas são geralmente utilizadas em conjunto.

4.6 ÍNDICES FINANCEIROS

Além das análises horizontal e vertical, é comum utilizar a análise por meio de índices. É uma técnica por meio de índices que consiste em relacionar contas e grupos de contas para extrair conclusões  Aumente seus conhecimentos sobre **Análise vertical/horizontal e transversal** na seção *Saiba mais GF* 4.3

sobre tendências e a situação econômico-financeira da empresa. Assim, pode-se trabalhar com índices ou com percentuais.

A classificação por índices permite também comparar os índices de uma empresa com os de outras do mesmo ramo ou tamanho. Tal comparação é possível por meio de publicações feitas por revistas especializadas.

Índices, indicadores ou métricas são indispensáveis para se analisar o desempenho e os resultados obtidos por uma empresa. O que não se pode medir não se pode administrar. Um índice é o quociente resultante de uma equação. Um índice financeiro corresponde à comparação de valores monetários absolutos e que proporciona um dado relativo entre eles. As demonstrações financeiras são geralmente submetidas à aplicação de quatro índices financeiros:

1. Índices de liquidez.
2. Índices de rentabilidade.

3. Índices de atividade ou de eficiência operacional.

4. Índices de endividamento.

Vejamos cada um desses quatro tipos de índices financeiros.

4.6.1 Índices de liquidez

Os índices de liquidez mostram a situação financeira da empresa. Quanto maior o índice, melhor a situação da empresa em pagar suas contas. A liquidez representa a capacidade da empresa em cumprir suas obrigações de CP na data do vencimento. A liquidez constitui a solvência financeira, isto é, recursos não imobilizados disponíveis para cada real de dívida. Assim, os AC se tornam importantes para oferecer disponibilidades à empresa. Para se avaliar o grau de liquidez ou de solvência da empresa, utiliza-se uma variedade de índices de liquidez. Os mais utilizados são:

1. Índice de Liquidez Corrente (ILC).

2. Índice de Liquidez Seco (ILS).

3. Índice de Liquidez Imediata (ILI).

4. Capital Circulante Líquido (CCL).

4.6.1.1 Índice de Liquidez Corrente

O ILC é a medida mais usada para avaliar a capacidade de uma empresa para saldar seus compromissos em dia. É o quociente obtido pela divisão entre o AC e o PC, isto é, entre os ativos e passivos de CP.

$$ILC = \frac{AC}{PC}$$

Quando o ILC é igual a 1,0, o AC é igual ao PC, isto é, o CCL é igual a zero. Se uma empresa tiver um ILC menor que 1,0, seu CCL será negativo ou a empresa dependerá de lucros futuros, renovação de dívidas ou venda de ativo fixo para manter sua solvência.

 Aumente seus conhecimentos sobre **ILC, ILS e ILI** na seção *Saiba mais GF* 4.4

Tomando-se os BP dos Quadros 4.2 e 4.3 do Lanifício Santa Rita, nota-se que:

$$ILC \text{ do ano } x = \frac{321.984}{266.424} = 1,21$$

$$ILC \text{ do ano } y = \frac{142.730}{197.135} = 0,72$$

De uma situação de liquidez no ano x, quando tinha 1,21 para cada real de dívida, a empresa passou para uma situação de iliquidez no ano y, com 0,72 para cada um real de dívida.

O CCL (AC menos PC) é útil para comparar a liquidez da empresa ao longo do tempo, mas não serve para comparar a liquidez de diferentes empresas. Para isso, deve-se usar o ILC.

Contudo, o ILC apresenta duas deficiências. A primeira é que cada item do ativo circulante tem um comportamento diferente dos demais e, portanto, uma liquidez diferente. A segunda desvantagem é que o ILC não leva em consideração a rapidez maior ou menor com que os ativos serão convertidos em dinheiro e os PC terão seu vencimento, mas apenas o que existe no ativo e no exigível em determinada data. É o caso, por exemplo, da rotação dos estoques, cuja velocidade não é considerada no ILC.

4.6.1.2 Índice de Liquidez Seco

O ILS procura resolver a primeira deficiência do ILC (a suposição de que os estoques constituem o AC menos líquido), excluindo do AC o item estoques. Normalmente, os estoques são convertidos em contas a receber e, em seguida, em disponibilidades.

O ILS é o quociente obtido pela divisão do AC menos estoque pelo PC.

$$ILS = \frac{AC\ menos\ estoque}{PC}$$

O ILS deve ser igual ou superior a 1,0 e depende muito do ramo de negócio da empresa. Se os estoques forem líquidos – isto é, se puderem ser convertidos facilmente em caixa –, o ILC pode ser indicado como uma medida de liquidez global.

O Lanifício Santa Rita apresenta os seguintes ILS:

$$ILS\ no\ ano\ x = \frac{150.577}{266.424} = 0,57$$

$$ILS\ no\ ano\ y = \frac{63.615}{197.135} = 0,32$$

O ILS sofre das mesmas deficiências do ILC, embora em grau bem menor. Pode-se verificar que quanto maior a diferença entre o ILC e o ILS, maior a dependência da liquidez de uma empresa em relação à realização de seus estoques. Em caso de liquidação, por exemplo, os estoques são geralmente vendidos com grandes descontos sobre os valores contabilizados, o que diminui sensivelmente a liquidez da empresa.

4.6.1.3 Índice de Liquidez Imediata

Nem sempre a liquidez ocorre imediatamente. Esse índice constitui um avanço quanto à medição da liquidez de uma empresa, pois compara as obrigações com vencimento de CP com o que a empresa possui em dinheiro ou em títulos conversíveis em dinheiro (como aplicações temporárias de excedentes de caixa). O ILI é obtido por meio da seguinte equação:

$$ILI = \frac{\text{disponibilidades + aplicações temporárias}}{PC}$$

O Lanifício Santa Rita acusou os seguintes ILI:

$$ILI \text{ no ano } x = \frac{37.353}{266.424} = 0,14$$

$$ILI \text{ no ano } y = \frac{8.077}{197.135} = 0,04$$

4.6.1.4 Capital Circulante Líquido

Também denominado capital de giro líquido (CGL). Baseia-se no mesmo conceito do ILC (proporção de ativos transformáveis em dinheiro da empresa para saldar compromissos com vencimento de CP). O CCL é uma relação que proporciona um valor monetário absoluto, como já vimos no capítulo anterior.

$$CGL = AC - PC$$

TENDÊNCIAS EM GF

CCL

O CCL indica a capacidade que a empresa apresenta para manter seu negócio em funcionamento. Estudos da JP Morgan nos Estados Unidos, com 597 mil empresas, realizado entre fevereiro e outubro de 2015, revelou que naquele país metade das pequenas empresas teriam reserva financeira para ficarem fechadas, em média, por 27 dias. Considerando os efeitos da pandemia de COVID-19 no ano de 2020, quando houve a necessidade de os Estados Unidos e diversos países adotarem o *lockdown*, ocasionando o fechamento total do comércio, nesse período, as empresas que não possuíam reserva de caixa e, com o AC estagnado, principalmente as que adotavam mão de obra intensiva, encerraram suas atividades. Outras grandes organizações tiveram impacto nesse indicador, com queda de suas ações.

É interessante notar que, quando o ILC for igual a 1,0, o CCL será igual a zero. Quando o ILC for menor que 1,0, o CCL será negativo. Assim, o CCL é usado apenas para comparar a liquidez da mesma empresa ao longo do tempo e não deve ser utilizado para comparar uma empresa com outras. Nesse caso, utiliza-se o ILC.

O Lanifício Santa Rita apresentou os seguintes resultados quanto ao CCL:

$$CCL \text{ no ano } x = 321.984 - 266.424 = 55.560,00$$
$$CCL \text{ no ano } y = 142.730 - 197.135 = -54.405,00$$

Os quatro índices de liquidez do Lanifício Santa Rita são evocados no Quadro 4.8.

Quadro 4.8 Os vários índices de liquidez do Lanifício Santa Rita

Índices de liquidez	Ano x	Ano y
ILC	1,21	0,72
ILS	0,57	0,32
ILI	0,14	0,04
CCL	55.560,00	-54.405,00

Assim, os índices de liquidez extraem dos dados do BP os quocientes que indicam as relações entre as dívidas da empresa e os meios disponíveis para pagá-las. Contudo, convém lembrar novamente o dilema entre liquidez e rentabilidade. A GF deve balancear a liquidez da empresa com sua rentabilidade. Passaremos a seguir a focalizar os índices de rentabilidade.

4.6.2 Índices de rentabilidade

Os índices de rentabilidade medem quanto os capitais investidos estão rendendo. Quanto maiores, melhor a rentabilidade do negócio. Os índices de rentabilidade constituem medidas que indicam a relação entre o lucro da empresa e os diversos itens tomados como referência. São também chamados índices de lucratividade ou de retorno. Evidenciam o sucesso ou o insucesso empresarial. São geralmente calculados sobre as receitas líquidas. Discutiremos, a seguir, cinco índices de rentabilidade:

1. Margem Operacional Líquida (MOL).
2. Margem Líquida (ML).
3. Retorno sobre o Investimento (ROI).
4. Retorno sobre o Ativo Operacional (RAO).
5. Lucro por Ação (LPA).

 **SAIBA MAIS**   **O que são os índices de rentabilidade**

Os índices de rentabilidade são indicadores financeiros cuja análise, de forma conjunta, busca indicar para o analista a compreensão da viabilidade de um investimento ou negócio, com a relação entre o risco e o retorno financeiro envolvido. Tem como objetivo dar subsídios para a tomada de decisões, além de fazer parte da estratégia da organização, pois indica o quanto de retorno financeiro ela pode trazer decorrente de suas atividades. Nesse contexto, possibilita que a empresa tenha uma projeção de expansão (ou não) dos negócios, além da mensuração se o retorno financeiro está em conformidade com o investimento realizado. As análises podem ajudar na definição da estratégia de investimentos, se os recursos disponíveis são suficientes, além de atrair a captação de novos investidores.

Em síntese, os índices de rentabilidade ou de lucratividade são medidas que fazem relações entre os retornos da empresa com suas vendas, seus ativos ou seu PL. Permitem avaliar os lucros da empresa em relação às suas vendas, a certo nível de ativos ou aos investimentos dos proprietários. Para que continue existindo, a empresa precisa apresentar lucratividade, pois sem ela não há como atrair capital externo nem satisfazer aos credores e proprietários.

No fundo, os índices de rentabilidade fazem uma Demonstração Porcentual do Resultado (DPR). Pode-se avaliar a lucratividade analisando cada item na Demonstração do Resultado como uma porcentagem das vendas para analisar a relação entre vendas e receitas e as despesas efetuadas. A DPR é muito útil para fazer comparações históricas das participações porcentuais dos vários itens em relação às vendas ou receitas de uma empresa. A DPR pode ser **desdobrada** em três índices de lucratividade: margem bruta (MB), margem operacional (MO) e margem líquida (ML).

1. **MB**: indica a porcentagem de cada real (R$ 1,00) de venda que sobrou após terem sido pagas as mercadorias. Quanto maior a MB, menor o custo das mercadorias vendidas. A MB é calculada da seguinte maneira:

$$MB = \frac{\text{vendas} - \text{custo das mercadorias vendidas}}{\text{vendas}} = \frac{\text{lucro bruto}}{\text{vendas}}$$

Se o resultado das vendas foi de R$ 100.000,00 e o custo dos produtos vendidos foi de R$ 40.000,00, então a MB será de R$ 100.000,00 – R$ 40.000,00 divididos por R$ 100.000,00, ou seja, 60%.

2. **MO**: indica a porcentagem de lucros puros ganhos em cada real (R$ 1,00) de vendas efetuadas. O lucro operacional não considera as despesas financeiras nem IR e mede apenas os lucros ganhos por meio das operações da empresa. A MO é calculada da seguinte maneira:

$$MO = \frac{\text{lucro operacional}}{\text{vendas}}$$

Se o lucro operacional foi de R$ 20.000,00 em relação a um montante de vendas no valor de R$ 100.000,00, então a MO será de R$ 20.000,00 divididos por R$ 100.000,00 = 20%.

3. **ML**: define a porcentagem de cada real (R$ 1,00) de venda que sobrou após a dedução de todas as despesas, inclusive do IR. É uma medida do êxito da empresa. A ML varia enormemente conforme o ramo de atividade: 20% seria baixa para uma joalheria, enquanto 1% ou menos seria normal para um supermercado. A ML é calculada da seguinte maneira:

$$ML = \frac{lucro\ líquido}{vendas}$$

Se o lucro líquido foi de R$ 10.000,00 e suas vendas foram de R$ 100.000,00, então a ML será de R$ 10.000,00 divididos por R$ 100.000,00 = 10%.

Na realidade, os índices financeiros são calculados entre os diversos itens do BP e devem ser comparados internamente com o passado da empresa e externamente em relação a empresas do mesmo ramo de atividade.

Vejamos cada um dos cinco índices de rentabilidade anteriormente referidos.

4.6.2.1 Margem Operacional Líquida

Indica o sucesso da empresa quanto à obtenção de preços de venda acima dos custos (custos de produção, venda e administração) incorridos para efetuar a produção e a colocação dos produtos/serviços (P/S) no mercado. É uma variação ao redor da ML que vimos anteriormente. No fundo, a MOL corresponde à diferença relativa entre preços e custos médios dos P/S produzidos pela empresa.

$$MOL = \frac{resultado\ operacional + despesas\ financeiras + receitas\ financeiras}{receita\ operacional\ líquida}$$

O Lanifício Santa Rita apresentou as seguintes MOL:

$$MOL\ no\ ano\ x = \frac{3.010 - 169.711 + 43.063}{787.538} = -0,16$$

$$MOL\ no\ ano\ y = \frac{74.627 - 498.863 + 225.697}{1.752.819} = -0,11$$

4.6.2.2 Margem Líquida

A ML é um índice de rentabilidade que compara o lucro pertencente aos acionistas com o volume de vendas obtido pela empresa em suas operações. A ML foi abordada há pouco entre as medidas de DPR. Assemelha-se aos valores calculados na análise vertical da Demonstração de Resultados.

$$ML = \frac{\text{lucro líquido do exercício}}{\text{receita operacional líquida}}$$

O Lanifício Santa Rita apresentou as seguintes ML:

$$\text{ML no ano } x = \frac{1.115}{787.538} \times 100 = 0,0014 \times 100 = 0,14\%$$

$$\text{ML no ano } y = \frac{-83.722}{1.752.819} \times 100 = -0,047 \times 100 = -4,77\%$$

4.6.2.3 Retorno sobre o Investimento

O ROI é um índice de rendimento que mede a remuneração obtida pelo investimento dos acionistas, que são os fornecedores do capital de risco. Calcula a eficiência global da empresa quanto à obtenção de lucros por meio dos ativos disponíveis. É, muitas vezes, denominado retorno sobre o ativo total da empresa. Quanto mais elevado, melhor o retorno sobre o investimento efetuado. O ROI é obtido pela comparação do resultado líquido do exercício (que é o lucro que realmente pertence aos acionistas, qualquer que seja a decisão quanto à sua destinação) em relação ao PL médio (que é o investimento médio mantido pelos acionistas do negócio).

$$ROI = \frac{\text{lucro líquido do exercício}}{\text{PL médio}}$$

Convém comparar o ROI da empresa tanto em relação ao seu passado quanto em relação às demais empresas do mesmo ramo de atividade.

O Lanifício Santa Rita apresentou os seguintes resultados:

$$\text{ROI no ano } x = \frac{1.115}{174.270} \times 100 = 0,0063 \times 100 = 0,63\%$$

$$\text{ROI no ano } y = \frac{-83.722}{767.443} \times 100 = -0,109 \times 100 = -10,9\%$$

4.6.2.4 Retorno sobre o Ativo Operacional

O RAO é um índice de rendimento que mede a rentabilidade das operações básicas da empresa frente aos recursos (ativos) aplicados nessas operações.

$$RAO = \frac{\dfrac{resultado}{operacional} + \dfrac{despesas}{financeiras} - \dfrac{receitas}{financeiras}}{ativo\ operacional\ líquido\ médio}$$

Nas empresas industriais ou comerciais, deve-se excluir os ativos não operacionais, por exemplo, as chamadas aplicações financeiras (como aplicações em títulos resgatáveis no CP), os ativos imobilizados técnicos não utilizados nas operações normais da empresa (como terrenos adquiridos, mas que não tenham nenhum plano de utilização) e os imobilizados financeiros não essenciais às atividades da empresa (como investimentos em áreas de incentivo fiscal).

Os índices de rentabilidade do Lanifício Santa Rita são evocados no Quadro 4.9.

Quadro 4.9 Índices de rentabilidade do Lanifício Santa Rita – anos x e y

Índices de rentabilidade	Ano x	Ano y
MOL	1,21	0,72
ML	0,57	0,32
ROI	0,14	0,04
RAO	55.560,00	-54.405,00

4.6.2.5 Lucro por Ação

O LPA representa o valor ganho para cada ação ordinária emitida. O LPA é importante tanto para a empresa quanto paras os acionistas atuais ou potenciais. O mercado o considera um importante indicador do desempenho da empresa. O LPA é calculado por meio da seguinte equação:

$$LPA = \frac{lucro\ disponível\ para\ os\ acionistas\ comuns}{número\ de\ ações\ ordinárias\ emitidas}$$

Se o lucro disponibilizado para rateio entre os acionistas foi de R$ 100.000,00 e o número de ações ordinárias emitidas foi 100.000, então o LPA será de R$ 1,00.

Porém, somente os índices de liquidez e de rentabilidade não conseguem cobrir todas as facetas do BP. Tornam-se necessários outros índices capazes de indicar as operações executadas pela empresa e como foram utilizados seus recursos na realização dessas operações. Temos, assim, os índices de atividade ou de eficiência operacional.

4.6.3 Índices de atividade

Também denominados índices de rotação ou de giro, são índices que medem a rapidez com que determinados ativos (ou um item do passivo) giram dentro de um exercício em relação ao volume de operações da empresa, isto é, são convertidos em vendas ou caixa. São também chamados índices de eficiência operacional ou de desempenho e oferecem informações sobre aspectos de gestão da empresa, como políticas de estoques, financiamento de compras e financiamento de clientes.

Em relação ao giro de estoques e ao prazo médio de estocagem, deve-se procurar aumentar, pois quanto mais rápido vender o produto, mais o lucro deve aumentar. Tal raciocínio é válido desde que a margem de contribuição seja positiva e o aumento do giro não tenha custos extras em volume superior ao ganho obtido pelo aumento do giro. Isso também é válido em relação ao giro das contas a receber e ao prazo médio das contas a receber, pois quanto mais rápido a empresa receber, melhor para ela. Em relação ao prazo médio de pagamento a fornecedores, quanto maior, melhor, ou seja, quanto mais tempo para pagar, melhor para a empresa.

Os principais índices de atividade (ou de eficiência operacional) são os seguintes:

- Rotação sobre o Ativo Operacional (RAO).
- Rotação do Capital Empatado (RCE).
- Rotação do Estoque de Produtos Acabados (REPA).
- Rotação do Saldo de Contas a Receber (RSCR).
- Rotação do Saldo de Fornecedores (RSF).

A seguir, discutiremos cada um deles.

4.6.3.1 Rotação do Ativo Operacional

O RAO é um índice de eficiência operacional que indica o número de vezes que os ativos operacionais líquidos são utilizados em determinado exercício de tempo. Quanto maior o giro, menor será o investimento em ativos para alcançar a receita operacional líquida e, portanto, mais eficiente será a administração desses recursos.

$$RAO = \frac{\text{receita operacional líquida}}{\text{ativo operacional líquido médio}}$$

Além do índice de eficiência operacional, o conceito de RAO conduz a um índice de prazo médio, que é o tempo de rotação do ativo operacional. O tempo médio de rotação indica o tempo necessário para completar uma volta e é obtido pela equação 12 meses/RAO. Se o RAO for, por exemplo, três vezes ao ano, o tempo médio será de 4 meses, ou seja, o resultado de 12/3.

4.6.3.2 Rotação do Capital Empatado

Da mesma forma que o RAO, o RCE indica a rapidez (eficiência ou velocidade) com que são utilizados os recursos da empresa para alcançar certo volume de atividade. Quando mais vezes girar o capital empatado, mais retorno ele promoverá. Todavia, o índice do giro do capital empatado se restringe à parcela do capital dos acionistas, isto é, do capital próprio ou acionário.

$$RCE = \frac{\text{receita operacional líquida}}{\text{PL médio}}$$

O Lanifício Santa Rita apresentou os seguintes resultados:

$$\text{RGE no ano } x = \frac{787.538}{174.270} = 4,52$$

$$\text{RGE no ano } y = \frac{1.752.918}{767.443} = 2,28$$

4.6.3.3 Giro do Estoque ou Rotação do Estoque de Produtos Acabados

É importante medir quantas vezes o estoque de produtos acabados gira. Isso significa que eles estão proporcionando maior faturamento à empresa. Como os estoques são contabilizados ao custo, o REPA relaciona o volume médio investido em estoques com a quantidade vendida no exercício.

$$REPA = \frac{\text{custo dos PA}}{\text{estoque médio de PA}}$$

Além do índice de eficiência operacional, pode-se também estimar o tempo médio ou REPA. O índice de tempo médio corresponde a $\frac{12}{REPA}$ (em meses) ou a $\frac{365}{REPA}$. Se, por exemplo,

o REPA for igual a 4,0 vezes, o estoque médio será correspondente a três meses de vendas ($\frac{12}{4}$) ou a 91,25 dias de vendas ($\frac{365}{4}$).

 Aumente seus conhecimentos sobre **Comparações do REPA** na seção *Saiba mais GF* 4.5

4.6.3.4 Rotação do Saldo de Contas a Receber

O RSCR é um índice que indica o número de vezes em que o saldo médio de operações de venda a crédito está contido no volume total de vendas a crédito de um exercício.

$$RSCR = \frac{\text{vendas a prazo}}{\text{saldo médio de contas a receber}}$$

O índice de tempo médio é obtido pela equação $\frac{365}{RSCR}$, que representa o prazo médio de cobrança: o número de dias necessários, em média, para que os clientes da empresa efetuem os pagamentos devidos em operações a crédito.

4.6.3.5 Rotação do Saldo de Fornecedores (Contas a Pagar)

Como o índice anterior, o RSF é um índice que indica o giro do saldo dos valores devidos aos fornecedores de materiais.

$$RSF = \frac{\text{compras de materiais a prazo}}{\text{saldo médio de fornecedores}}$$

O índice de tempo médio representa o prazo médio de pagamento aos fornecedores e é obtido pela equação $\frac{365}{RSF}$.

Os cinco índices de atividade são evocados no Quadro 4.10. São todos eles índices que indicam o giro ou a rotação de determinados itens do BP. Alguns deles não foram colocados por falta de dados no BP do Lanifício Santa Rita.

Quadro 4.10 Índices de atividade

Índices de atividade	Ano x	Ano y
RAO	-	-
RCE	4,52	2,28
REPA	-	-
RCR	-	-
RSF	-	-

O Quadro 4.11 mostra os índices de tempo médio que foram extraídos a partir dos índices de atividade. Cada um dos índices de tempo médio constitui um desdobramento dos índices de atividade. Como os índices de atividade indicam o giro ou rotação de determinados itens, os índices de tempo médio indicam qual é o lapso de tempo em que ocorre em média tal giro ou rotação. Não foram colocados por falta de dados no BP do Lanifício Santa Rita.

Quadro 4.11 Índices de tempo médio

Índices de tempo médio	Ano x	Ano y
Tempo Médio de Rotação do Ativo Operacional	-	-
Tempo Médio de Rotação de Estoques	-	-
Tempo Médio de Rotação do Saldo de Contas a Pagar	-	-
Tempo Médio de Rotação do Saldo de Fornecedores	-	-

Além dos índices de liquidez, rentabilidade e atividade, pode-se utilizar índices de endividamento para verificar a proporção do capital de terceiros que é aplicada aos negócios da empresa.

4.6.4 Índices de endividamento

O endividamento significa o volume de dinheiro de terceiros que está sendo utilizado pela empresa no esforço de gerar lucros. Quanto maior o grau de endividamento, maior o volume de compromissos da empresa em relação aos credores. Os índices de endividamento servem para indicar o grau de risco da empresa e medem a participação de recursos financiados por terceiros. São obtidos a partir do BP. Os principais índices de endividamento são:

- Índice de Participação de Terceiros (IPT).
- Índice de Cobertura de Juros (ICJ).

A seguir, abordaremos esses dois índices de endividamento.

4.6.4.1 Índice de Participação de Terceiros

O IPT é um índice de endividamento que verifica a proporção dos ativos totais fornecidos pelos credores da empresa. Quanto maior esse índice, maior será o volume de dinheiro de terceiros que está sendo emprestado para gerar lucros. O IPT é calculado pela equação:

$$IPT = \frac{passivo\ total}{ativo\ total} \times 100$$

4.6.4.2 Índice de Cobertura de Juros

O ICJ trata-se, na realidade, de uma média da capacidade de honrar dívidas, ou seja, a maneira como uma empresa pode honrar prontamente os pagamentos contratuais programados ao longo da duração da dívida.

$$ICJ = \frac{lucro\ antes\ dos\ juros\ e\ do\ IR}{despesas\ financeiras}$$

O valor do lucro antes dos juros e do IR corresponde ao lucro operacional. Em geral, aceita-se 3,0 ou algo próximo a 5,0.

Ambos os índices de endividamento estão no Quadro 4.12.

Quadro 4.12 Índices de endividamento

Índices de endividamento	Ano x	Ano y
IPT	-	-
ICJ	-	-

Com toda essa parafernália de índices, métricas e equações, a GF pode fazer uma análise mais profunda e rigorosa das demonstrações financeiras. Na realidade, são poucos os índices utilizados normalmente. Na prática, os índices mais utilizados são o ILC, o ILS, o CGL e o RCE. Nossa preocupação foi simplesmente apresentar a enorme variedade de índices financeiros sem a intenção de esgotá-la para mostrar as várias e diferentes alternativas de análise das demonstrações financeiras.

Quadro 4.13 Os diversos índices de análise das demonstrações financeiras

ÍNDICES DE LIQUIDEZ

ILC

ILS

ILI

CCL

ÍNDICES DE RENTABILIDADE

MOL

ML

ROI

RAO

LPA

ÍNDICES DE ATIVIDADE

RAO

RCE

REPA

RSCR

RSF

Índice de Tempo Médio

Tempo Médio de Rotação do Ativo Operacional

Tempo Médio de Rotação de Estoques

Tempo Médio de Rotação do Saldo de Contas a Pagar

ÍNDICES DE ENDIVIDAMENTO

IPT

ICJ

Aumente seus conhecimentos sobre **Adoção de uma matriz de índices de análise** na seção *Saiba mais GF* 4.6

4.7 ANÁLISE DO FLUXO DE FUNDOS

Fundo significa bens e direitos transacionados. Constitui uma reserva legal ou quantia destinada a garantir a integridade do capital em uma sociedade anônima. O fundo mútuo constitui um conjunto de recursos administrados por uma sociedade ou banco de investimentos que os aplica em carteira de títulos ou valores imobiliários, distribuindo, depois, aos quotistas, proporcionalmente à sua participação, os resultados de tais aplicações. Os fundos de uma instituição bancária, por exemplo, representam o conjunto de disponibilidades criado para desenvolver ou consolidar por meio de financiamentos algum setor deficitário da atividade pública ou privada. O conceito de recursos, por outro lado, pode assumir dois significados: o de recursos disponíveis e o de CGL.

1. **Disponível**: são recursos disponíveis em dinheiro para a empresa (caixa).
2. **CGL**: envolve o dinheiro mais os direitos de CP menos as obrigações de CP. O CGL é igual à diferença entre o total do AC e o total do exigível circulante. Esse é o significado que daremos à palavra **recurso** no decorrer desta parte.

A análise do fluxo de fundos é frequentemente denominada DOAR. Permite à GF analisar as origens e as aplicações históricas dos recursos da empresa. O conhecimento dos padrões históricos da utilização dos recursos permite melhores condições para se planejar as necessidades futuras de recursos para médio e longo prazos. A análise do passado ajuda a planejar o futuro. O fluxo de recursos é analisado e projetado para o futuro.

Como os recursos financeiros constituem a matéria-prima fundamental da GF, o estudo de sua movimentação é importantíssimo, tanto para se verificar a adequação entre as aplicações (planos de investimento) e as origens (disponibilidades) quanto para financiá-las no decorrer do período. Vejamos os principais tipos de origens e de aplicações.

4.7.1 Origens dos fundos

Os fundos têm origem nas variações de saldos que representam aumentos de recursos recebidos pela empresa por:

- Fornecimento direto de sua origem.
- Liquidação de investimentos anteriores.
- Deduções escriturais que não representam saídas de recursos.

As origens de recursos são representadas por:

- Aumentos de saldos de contas de exigível e não exigível.
- Reduções de saldos de contas de ativo.
- Despesas não desembolsadas, como depreciação. Sua origem são os recursos gerados pelas vendas, mas por serem deduzidos para apuração do lucro tributável, são novamente adicionadas para permitir visualizar os fundos gerados pelas operações da empresa.
- Lucro (mesmo que incluído nas contas de "lucro do exercício" ou "lucros acumulados"), quando ajustado pela soma das despesas não desembolsadas.

4.7.2 Aplicações de fundos

Aplicações de fundos são as variações dos saldos de contas relativas a investimentos feitos com os recursos obtidos. As aplicações de recursos são representadas por:

- Aumentos de saldos de contas de ativo.
- Reduções de saldos de contas de exigível e não exigível.

A DOAR é uma demonstração financeira que tem por finalidade mostrar a movimentação líquida de entradas e saídas de recursos, bem como as causas da variação do CGL. A DOAR tem várias finalidades:

- Proporcionar uma estimativa de necessidades de recursos de fontes externas.
- Indicar a proporção entre investimentos em ativos e a evolução das vendas.
- Apontar a relação entre dividendos e lucros, bem como as exigências de fundos da empresa.
- Estabelecer a relação entre as fontes de curto e longo prazos e as aplicações de curto e longo prazos.

SAIBA MAIS Origem

A palavra **origem** pode ganhar o significado de caixa ou de CGL (que constitui o excedente do AC em relação ao PC). De um lado, a caixa permite à empresa pagar pontualmente suas dívidas, enquanto, por outro lado, o CCL proporciona uma proteção financeira para o pagamento de duplicatas a vencer no CP. A inclusão do CCL na DOAR se deve ao fato de que os AC (que podem ser convertidos em caixa a CP) e também a própria caixa podem ser usados para pagar as obrigações correntes da empresa.

A DOAR constitui uma importante ferramenta para a Administração Financeira (AF), tanto na análise da movimentação passada dos recursos quanto para a projeção futura das necessidades de recursos financeiros da empresa. Como os demais indicadores financeiros aqui apresentados (sobre liquidez, atividade, endividamento e lucratividade), representa um importante meio de diagnóstico da atuação e situação da empresa. Saber usar tal diagnóstico para medir e avaliar a empresa do ponto de vista financeiro é o segredo do sucesso profissional que se dedica à AF.

A DOAR obedece geralmente à estrutura de apresentação, conforme o Quadro 4.14.

Quadro 4.14 Demonstração das origens e aplicações de recursos do Lanifício Santa Rita – anos x e y

Itens	Ano x Em R$ 1.000,00	Ano y Em R$ 1.000,00
Origens		
Resultado líquido do exercício	1.115	-83.722
Depreciação / amortização	10.044	28.985
Variações escriturais (liquido)	36.367	12.572
Dividendos de coligadas	-	5.076
Realização de reservas de reavaliação	470	10.520
Outras origens das operações	293	-
Total operações	48.289	-26.569
Realização de capital	-	-
Ágio na realização de capital	-	-
Total acionistas	-	-
Alienação de ativo permanente	891	328.419
Emissão de debêntures	2.410	8.848
Financiamentos de longo prazo	587	1.104
Outras origens de terceiros	22.966	65.509
Total terceiros	**26.854**	**403.880**
Total das origens	**75.143**	**377.311**
Aplicações		
Dividendos propostos	842	-
Aquisição de ativo permanente	21.931	114.713
Outras aplicações	11.265	387.973
Total das aplicações	34.038	502.686
Variação do CGL (origens menos aplicações)	**41.105**	**-125.375**

Em suma, a GF deve atender aos vários grupos de interesse (*stakeholders*) que participam – direta ou indiretamente, interna ou externamente – do sucesso da empresa. No passado, a ênfase era dada aos proprietários, acionistas ou investidores. Era o chamado modelo *shareholder*. Tudo o que se fazia na empresa era focado no interesse dos *shareholders* e a GF seguia intensamente esse foco exclusivo no aspecto financeiro e no interesse dos proprietários, acionistas e investidores. Como se o negócio fosse possível apenas com aportes financeiros, deixando de lado as competências essenciais, o espírito empreendedor, o processo decisório, a busca por soluções eficazes, a inovação, a utilização da tecnologia e de serviços externos etc. Hoje, predomina o modelo *stakeholder*. Segundo esse modelo, a empresa precisa satisfazer anseios variados de múltiplos grupos de interesses, tais como: os proprietários, os acionistas e os investidores, agora acompanhados de clientes, distribuidores, fornecedores, comunidade, sociedade, governo etc. Agora, a empresa precisa proporcionar retornos em 360° a todos os *stakeholders* na proporção de sua contribuição para o sucesso da empresa. A moderna GF precisa necessariamente abrir o leque não somente para retribuir e recompensar essa contribuição, mas principalmente reforçar e estimular para que a empresa continue recebendo apoio, suporte, imagem favorável, fidelização do cliente, continuidade dos suprimentos oferecidos pelos fornecedores, dedicação e engajamento dos funcionários, visão estratégica dos dirigentes e gerentes etc. Essa visão ampla e holística da GF deve privilegiar de maneira relativa e sob medida os diversos agentes que, no conjunto, tornam possível o sucesso de uma empresa.

QUESTÕES PARA REVISÃO

1. O que significa análises interna e externa de demonstrações financeiras?
2. Conceitue análise de demonstrações financeiras.
3. Qual é a finalidade da análise de demonstrações financeiras?
4. Qual é a importância da análise de demonstrações financeiras?
5. Quais são as demonstrações financeiras exigíveis por lei?
6. Conceitue BP.
7. Explique a equação: A = PE + PL.
8. Conceitue Demonstração dos Lucros ou Prejuízos Acumulados.
9. Conceitue DRE.
10. Apresente a estrutura da DRE.
11. Quais são os tipos de análise?
12. Conceitue a Demonstração Financeira por meio da análise horizontal.
13. Conceitue a Demonstração Financeira por meio da análise vertical.
14. O que são índices financeiros?
15. Qual é a finalidade dos índices financeiros?
16. Qual é a importância dos índices financeiros?
17. Quais são os tipos de índices financeiros?
18. Conceitue índices de liquidez.

19. Explique o ILC.
20. Explique o ILS.
21. Explique o ILI.
22. Explique o CCL.
23. Conceitue índices de rentabilidade.
24. Explique a MOL.
25. Explique a ML.
26. Explique o RCE.
27. Explique o RAO.
28. Conceitue índices de atividade ou de eficiência operacional.
29. Explique o RAO.
30. Explique o RCE.
31. Explique o REPA.
32. Explique o RSCR.
33. Explique o RSF.
34. Explique o Tempo Médio de Rotação do Ativo Operacional.
35. Explique o Tempo Médio de Rotação dos Estoques.
36. Explique o Tempo Médio de Rotação do Saldo de Contas a Pagar.
37. Explique o Tempo Médio de Rotação do Saldo de Fornecedores.
38. Conceitue índices de endividamento.
39. Explique o IPT.
40. Explique o ICJ.
41. Conceitue análise do fluxo de fundos ou DOAR.
42. Quais as finalidades da análise do fluxo de fundos?
43. Qual a importância da análise do fluxo de fundos?
44. Quais as características da análise do fluxo de fundos?
45. O que são origens de recursos?
46. O que são aplicações de recursos?

5 O PAPEL DA GESTÃO FINANCEIRA NO SUCESSO EMPRESARIAL

O QUE VEREMOS ADIANTE

- Indicadores e métricas.
- Desafios do *Chief Financial Officer* (CFO).
- Contribuição do Sistema de Informações (SI) na Gestão Financeira (GF).
- Planejamento financeiro.
- *Balanced Scorecard* (BSC).

Entre seus vários papéis, cabe à Gestão Financeira (GF) garantir a sustentabilidade econômico-financeira da organização, a fim de que ela se mantenha perene no mercado, buscando, portanto, manter seu ciclo produtivo e de investimentos. Para que isso ocorra, dispõe de diversos recursos, que servem de ferramentas para análise e tomada de decisões que possam gerar valor e ajudar a alavancar a organização. O objetivo da GF, portanto, é melhorar os resultados da empresa, aumentando o valor de seu patrimônio por meio da geração de um lucro líquido sustentável, que é oriundo de suas atividades operacionais. A GF, por sua vez, possui tanto um papel estratégico quanto um papel operacional. Em sua vertente operacional, pode ser vista como responsável pelas atividades monetárias, voltadas para a entrada e a saída do caixa, podendo ser segmentada em áreas, por exemplo, Contas a Pagar e Contas a Receber. Ao considerar com o viés estratégico, seu papel é transformar dados em informações e as informações em ações, haja vista que, a partir dos indicadores financeiros, pode desenvolver critérios que ajudem a organização a atingir suas metas e objetivos. Infelizmente, ainda é comum um alto percentual de mortes de empresas em seus primeiros anos de vida, por não terem uma visão clara sobre uma correta gestão financeira, que poderia ajudar a alancar o negócio e melhorar as perspectivas e as probabilidades do sucesso empresarial. Todavia, independentemente do porte da organização, o sucesso de uma empresa depende de uma boa gestão financeira que, por sua vez, deve estar bem articulada com diversas áreas, entre as quais Produção, Marketing e Comercial, pois todos demandam recursos financeiros e, não raro, possuem visões distintas das prioridades.

5.1 INDICADORES E MÉTRICAS

Quais são realmente os objetivos organizacionais? Cada empresa tem seus próprios objetivos e sua maneira própria e exclusiva de tentar alcançá-los. O problema é que os objetivos organizacionais são vários e diferenciados, e, muitas vezes, conflitantes entre si. É comum a redução de custos conflitar com a melhor qualidade dos produtos ou o aumento de preços conflitar com a competitividade. Quase sempre, um objetivo atrapalha o outro. Algumas empresas definem hierarquias de objetivos para privilegiar alguns mais importantes em detrimento de outros. As prioridades podem definir quais são os objetivos que devem anteceder os demais. Mas, como priorizar ao mesmo tempo o cliente, o acionista, as pessoas, o futuro, a estratégia, o serviço, os processos internos, a liderança tecnológica, o aprendizado e a inovação? Cada objetivo aponta para uma direção diferente. O desafio está em fazer com que os múltiplos objetivos organizacionais funcionem de modo colaborativo e cooperativo entre si, evitando possíveis conflitos entre eles. Busca-se a sinergia, ou seja, a ação positiva de um objetivo sobre os demais para proporcionar efeitos multiplicados, e não apenas somados.

Ao definir suas metas e objetivos de curto, médio e longo prazos, toda empresa precisa adotar medidas, indicadores ou métricas para avaliar tanto seu desempenho quanto seus resultados finais e o valor que ela entrega à sociedade. Esse procedimento é sumamente importante para não somente corrigir possíveis desvios em relação aos caminhos projetados, mas também, e principalmente, para proporcionar retroalimentação e estímulo quando a condução dos negócios está sendo feita com sucesso.

As medidas e os indicadores afetam significativamente o comportamento das pessoas nas organizações pelo fato de proporcionar informação e retroação, que constituem as bases do processo decisório na empresa. A ideia predominante é muito lógica: o que se faz é o que se pode medir. O que não se pode medir não se pode gerir e escapa a qualquer forma de ação. O que uma organização define como indicador ou métrica é o que ela pretende alcançar como meta, objetivo ou resultado. O foco dos sistemas e das medidas tradicionalmente utilizados nas organizações – como balanço contábil, demonstrativos financeiros, retorno sobre investimento, produtividade *per capita*, entre outros – concentra-se fortemente em aspectos financeiros ou quantitativos. Trata-se de controles típicos da Era Industrial que precisam ser complementados com a avaliação de outros aspectos empresariais igualmente importantes. Daí a necessidade de um modelo integrado direcionado para a empresa no futuro, envolvendo diversas perspectivas em um sistema de monitoração contínua em substituição ao controle financeiro tradicional baseado em dados passados. É preciso antever o futuro pretendido e saber preparar-se adequadamente para ele, apesar de todas as rápidas e imprevistas mudanças e transformações pela frente.

 Acesse conteúdo sobre **A empresa e o pacto social** na seção *Tendências em GF* 5.1

5.2 OS DESAFIOS DO *CHIEF FINANCIAL OFFICER*

CFO (*Chief Financial Officer*) é uma sigla muito utilizada nas grandes empresas, principalmente nas multinacionais para designar a função de diretor financeiro. Esse profissional tem como responsabilidade, entre outras, a administração financeira e econômica da organização, sendo, portanto, o responsável pela administração dos **riscos do negócio**. O conceito de risco está associado a algo que se procura realizar no futuro, mas que traz consigo certo grau de incertezas, perigos e possível fracasso. Ao ser levado para a área financeira, por mais conservador que seja um investimento, sempre apresentará algum nível de risco. Nesse contexto, cabe ao gestor financeiro desenvolver estratégias para mitigá-los ou até mesmo transformá-los em oportunidades. Segundo o megainvestidor norte-americano Warren Buffett, que fez sua fortuna investindo em ações, "o risco vem de não saber o que você está fazendo". Em outras palavras, é fundamental que o CFO tenha pleno domínio de suas atribuições, sabendo identificar os tipos de investimentos e os riscos inerentes a eles, buscando evitá-los ou minimizá-los. O CFO também é o responsável pelo planejamento financeiro da organização, bem como pelas atividades operacionais, como a gestão do fluxo de caixa. Por ser a pessoa responsável por administrar a sustentabilidade financeira, muitas das ações ligadas ao crescimento e à inovação da empresa, bem como aquisições e modernização, devem ter seu aval. Todavia, esse profissional não tem apenas um olhar endógeno, ou seja, para o interior da empresa, deve estar atento às movimentações do mercado em que ela está inserida, a fim de traçar as melhores estratégias que possam agregar valor, observando o ambiente tanto no curto quanto no longo prazo (LP). Por atuar em uma posição estratégica, é um profissional que está muito próximo ao *Chief Executive Officer* (CEO), ou seja, o diretor-geral.

Diante dessas responsabilidades, a função exige que seu ocupante esteja alinhado com os processos de governança corporativa, atuando em conformidade com as leis, garantindo assim a credibilidade da organização.

5.3 A CONTRIBUIÇÃO DO SISTEMA DE INFORMAÇÕES NA GESTÃO FINANCEIRA

Existem muitas teorias e artigos importantes que tratam do tema "mudança organizacional". Esse é um movimento que envolve diretamente as pessoas e, portanto, pode causar desconforto e resistências, principalmente quando se quer alterar hábitos enraizados. As ações de gestão das mudanças se diferenciam de organização para organização. Por exemplo, aquelas em que existem menos *stakeholders* envolvidos provavelmente têm maior rapidez no processo de mudanças, haja vista que existem menos atores a serem convencidos. Em uma nova economia, em que a tecnologia proporciona inúmeras vantagens que permitem às empresas agilizarem seus processos, a área financeira não fica de fora das inovações e, portanto, das mudanças. E é nesse novo ambiente em que vive a sociedade, conhecido como Era Digital, que o desafio dos CFO é maior, haja vista que, além de administrar as finanças da empresa, deve proporcionar um ambiente favorável para as mudanças, o que significa dizer fazer a gestão de pessoas. A Tecnologia da Informação (TI) e os Sistemas de Informação (SI) vêm provocando transformações em diversas áreas de uma organização, que passam a mudar processos e a forma com que as pessoas produzem e se relacionam. Essas mudanças ajudam as empresas a se manterem competitivas e auxiliam nas tomadas de decisões e na administração. A implementação de sistemas integrados conhecidos como *Enterprise Resource Planning* (ERP) ou, em português, Planejamento de Recursos da Empresa, é uma das mudanças que transformam os processos e provocam nos gestores envolvidos ações de convencimento junto às equipes. Esses SI são negociados "em módulos" e ajudam a organização na gestão de seus recursos financeiros, de produção, de gestão de pessoas, distribuição, vendas e outros processos do negócio da organização. O objetivo dos ERP é dar suporte para a tomada de decisão, a partir de informações gerenciais que eles fornecem. Conforme aponta o nome, buscam integrar todas as áreas de uma empresa e seus setores, a fim de melhorar a eficiência, a eficácia, a qualidade e a produtividade.

No caso da GF, os ERP possibilitam uma melhor gestão a partir dos módulos relacionados com a área, tais como Contabilidade Geral, Contabilidade de Custos, Contas a Pagar, Contas a Receber, Faturamento, Recebimento Fiscal, Contabilidade Fiscal, Gestão de Caixa, Gestão de Ativos, Gestão de Pedidos, entre outros.

Apesar de serem comercializados em módulos, os ERP são mais eficazes quando os integram. Quando isso ocorre, existe um encandeamento de troca de dados entre os componentes. Por exemplo, o SI de contabilidade (composto pelos sistemas de transações de vendas, folha de pagamento e compras) alimenta o sistema de recebimentos e de desembolso de caixa, que, por sua vez, suprem os sistemas de livros contábeis e os relatórios financeiros. Os SI de GF utilizam informações destes para gerar relatórios, que são utilizados pelos CFO e demais atores, a fim de auxiliar na tomada de decisões sobre empréstimos, financiamentos, alocação de recursos etc. É mais um instrumento que ajuda os CFO a auxiliar a organização a garantir a sustentabilidade atual e futura, por meio de uma rentabilidade superior, a LP.

TENDÊNCIAS EM GF

O desafio da delegação

A evolução da Internet, a tecnologia da Inteligência Artificial (IA), o avanço da tecnologia da comunicação, entre outros, estão aprimorando cada vez mais os SI nas organizações, propiciando a geração de uma gama enorme de informações gerenciais. No caso da GF, os CFO passam a ter um *dashboard*, ou seja, um painel com diversos *Key Performance Indicators* – Indicadores-chave de *performance* (KPI), que ajudam a analisar a saúde do negócio. Todavia, com maior disponibilização de dados, corre-se o risco de os gestores seniores perderem tempo com microgerenciamento, que poderia ser analisado e trabalhado regionalmente por outros gestores. Para muitos CFO, o desafio de delegar não é pequeno, pois existe uma mudança de comportamento, porém seu desafio nesse novo mundo de informações e dados é saber liderar uma caminhada para reduzir a complexidade, confiar mais em seus liderados e demais gestores, a fim de que aproveitem os recursos atualmente disponibilizados pela tecnologia, para criação de tempo, reflexão e análise. A tecnologia vem ajudar a reduzir a burocracia, os trabalhos repetitivos, como a realização de diversas transações e integrações que antes eram manuais, para que as pessoas possam se dedicar às tarefas mais nobres, como análise, reflexão e interação com seus *stakeholders*.

5.4 PLANEJAMENTO FINANCEIRO

Em um mundo de alta competitividade e de incertezas, impactado até por questões sanitárias, como a acometida pela pandemia de COVID-19, que teve seu início em 2020, a realização de um planejamento, apesar de difícil, é necessária. É um papel importante da GF para o sucesso empresarial. Mas o que é um planejamento financeiro? Refere-se a uma ação importante para as organizações, haja vista que fornece as orientações para direção, execução e controle das ações realizadas, a fim de que possa atingir suas metas, objetivos e, consequentemente, seus resultados. O planejamento financeiro é dividido em dois tipos: estratégico e operacional. O planejamento financeiro estratégico é de LP. Para sua elaboração, são propostas medidas financeiras, cujos impactos esperados possam vir a acontecer em um período de 2 a 10 anos, dependendo da empresa. É comum o desenvolvimento de planos estratégicos de 5 anos. O importante é ressaltar que, em um mundo volátil como desta nova Era Digital, tais planos não são estáticos, devendo ser revistos periodicamente. Atualmente, devido à elevada incerteza dos ciclos operacionais, da produção e mudança do mercado, além das novas tecnologias, os planejamentos estratégicos tendem a ser realizados em períodos cada vez mais curtos. Esses planos, em conjunto com os planos de marketing e operacional, integram ações que buscam atender às metas estratégicas da organização. Na GF, o planejamento estratégico engloba gastos com os ativos permanentes, investimentos em novos produtos ou serviços, pesquisa e desenvolvimento (P&D), estrutura de capital, fontes de financiamento, investimento ou cancelamento de linhas de produtos e serviços já existentes, resgate ou extinção de dívidas a pagar, aquisições planejadas etc. São planos apoiados por orçamentos anuais.

Já o planejamento financeiro operacional corresponde às ações de mais curto prazo (CP) e à previsão dos impactos dessas ações. São planos que abrangem um período entre 1 e 2 anos, que incluem previsão de vendas e outras informações operacionais e financeiras. São considerados no plano operacional os orçamentos de caixa e as demonstrações financeiras projetadas. Gitman[1] sintetiza um planejamento financeiro operacional da seguinte forma:

- Previsão de vendas para o período.
- Planos de produção, que devem levar em consideração os tempos para preparação dos equipamentos e estimativa de matéria-prima (MP).
- A partir do plano de produção, a empresa estima a necessidade de mão de obra, gastos de produção e demais despesas operacionais.
- A partir dessas iniciativas, é possível a preparação dos resultados projetados e o orçamento de caixa.
- Tendo em mãos demonstrativo de caixa projetado, orçamento de caixa, plano de gastos com ativos permanentes, plano de financiamento de longo prazo e balanço patrimonial do período corrente, a empresa tem condições de elaborar o Balanço Patrimonial Projetado.

O planejamento estratégico em uma organização busca projetar cenários, a fim de minimizar as surpresas e desenvolver alternativas, caso o que for planejado não ocorra.

5.5 *BALANCED SCORECARD*

Kaplan e Norton criaram um sistema integrado de gestão estratégica para atingir objetivos de curto, médio e longo prazos, de maneira a abranger as perspectivas organizacionais mais relevantes. Trata-se muito mais do que um sistema conjugado de medidas e indicadores, no qual o foco principal reside no alinhamento da organização, das pessoas e das iniciativas interdepartamentais de maneira tal que permitam identificar novos processos para o cumprimento dos objetivos globais da organização. Deram a esse sistema o nome de *Balanced Scorecard* (BSC) para proporcionar um conjunto claro de objetivos das diversas unidades ou áreas da organização em uma abordagem estratégica e balanceada que se desdobra em ações adequadas para sua realização, em termos de resultados.

O BSC – ou placar balanceado – é uma metodologia baseada no equilíbrio organizacional que se fundamenta no balanceamento entre quatro diferentes perspectivas de objetivos:[2]

1. **Perspectiva financeira**: para analisar o negócio do ponto de vista financeiro. Envolve os indicadores e as medidas financeiras e contábeis que permitem avaliar o comportamento da organização frente a itens como lucratividade, retorno sobre investimentos, valor agregado ao patrimônio e outros indicadores que a organização adote como relevantes para seu negócio.

2. **Perspectiva dos clientes**: para analisar o negócio do ponto de vista dos clientes servidos pela organização. Inclui indicadores e medidas como satisfação, participação no mercado, tendências, retenção de clientes e aquisição de clientes potenciais, bem como valor agregado aos produtos/serviços (P/S), posicionamento no mercado, nível de serviços oferecidos à comunidade pelos quais os clientes contribuem indiretamente.

3. **Perspectiva dos processos internos**: para analisar o negócio do ponto de vista interno da organização. Inclui indicadores que garantem a qualidade intrínseca aos produtos e processos, capacidade de produção, criatividade, inovação, alinhamento com as demais demandas internas, logística e otimização dos fluxos, assim como a qualidade das informações, da comunicação interna e das interfaces interdepartamentais.

4. **Perspectiva de aprendizagem e crescimento organizacional**: para analisar o negócio do ponto de vista daquilo que é básico para alcançar o futuro com sucesso. Considera as pessoas em termos de capacidades, competências, motivação, *empowerment*, alinhamento e a estrutura organizacional em termos de investimentos em seu futuro. Essa perspectiva garante a solidez e constitui o valor fundamental para as organizações de futuro.

As quatro perspectivas básicas do BSC estão presentes na Figura 5.1.

A finalidade do BSC é incluir e balancear tais perspectivas em um conjunto integrado, de tal maneira que todas elas sejam excelentes. As perspectivas abordadas podem ser tantas quanto a organização necessite escolher em função da natureza de seu negócio, propósitos, estilo de atuação etc. O BSC busca estratégias e ações equilibradas em todas as áreas que afetam o negócio da organização como um todo, permitindo que todos os esforços sejam dirigidos para as áreas de maior competência e detectando e indicando as áreas passíveis de correção ou eliminação devido a incompetências. É um sistema focado no comportamento, e não apenas no controle ao cabo do final.

Mais recentemente, os autores passaram a usar o BSC para criar organizações focadas na estratégia.[3] **Alinhamento** e **foco** são as palavras de ordem para alcançar a integração necessária. **Alinhamento** significa coerência da organização. **Foco** significa concentração. O BSC habilita a organização a focar suas equipes de executivos, unidades de negócios, recursos humanos, TI e recursos financeiros para sua estratégia organizacional em um sistema integrado e sinérgico. Ele começa com a perspectiva de inovação e aprendizado, que melhora a perspectiva de processos internos, a qual impulsiona a perspectiva dos clientes, e esta, por fim, incentiva a perspectiva financeira, como mostra a Figura 5.2.

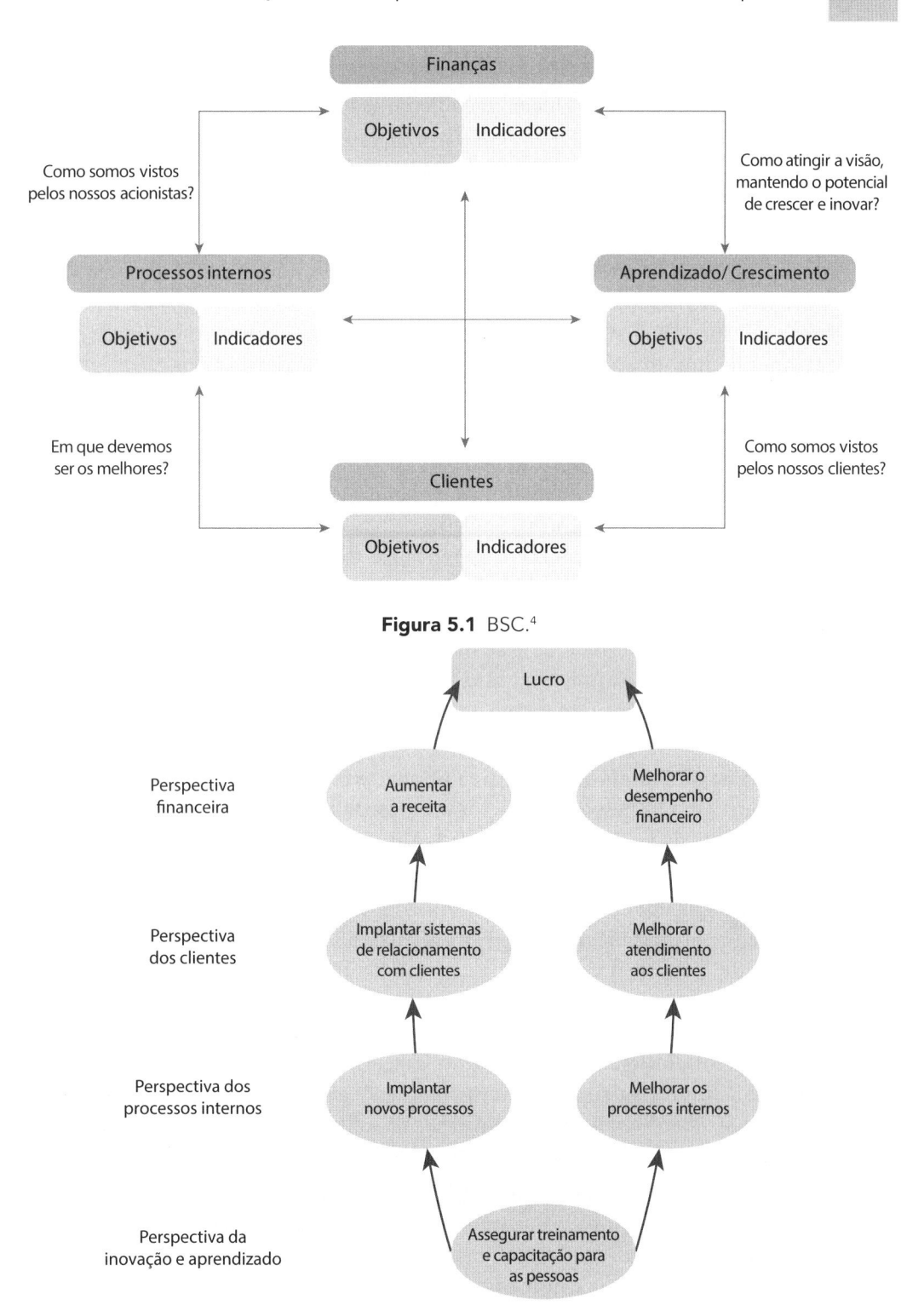

Figura 5.1 BSC.[4]

Figura 5.2 Mapa da estratégia.

5.5.1 Princípios para focar a estratégia

Cada empresa pode utilizar vários meios, em diferentes lugares e em diferentes sequências, para alcançar os mesmos fins. Na Teoria de Sistemas, isso recebe o nome de equifinalidade. O mesmo objetivo pode ser alcançado por vários meios, alguns deles mais eficientes e eficazes. O segredo está em sua escolha. Assim, o BSC utiliza cinco princípios para montar e focalizar a estratégia:

1. **Traduzir a estratégia em termos operacionais**: transmitindo e comunicando a todas as pessoas, de maneira consistente e significativa, quais são os objetivos globais desejados. Para alcançar sucesso, a estratégia organizacional deve ser descrita e comunicada de maneira clara e significativa para todos os envolvidos por meio de um mapa estratégico que permita mostrar uma arquitetura lógica sobre como os ativos intangíveis (competências) podem ser transformados em ativos tangíveis (ou financeiros).

2. **Alinhar a organização com a estratégia**: para obter sinergia nos esforços, todas as unidades organizacionais devem estar alinhadas e conjugadas com a estratégia. As empresas consistem de vários departamentos e unidades de negócios, cada qual com sua estratégia (estratégia de marketing, estratégia de produção, estratégia financeira etc.). Para que o desempenho organizacional seja mais do que a soma de suas partes, essas estratégias individuais devem ser devidamente linkadas e integradas. A sinergia por meio da conectividade interna é o objetivo do desenho organizacional. As organizações focadas na estratégia devem vencer e ultrapassar as velhas barreiras departamentais. Novos tipos de organogramas são necessários para substituir a velha organização tradicional, e torná-la flexível, adaptável e, sobretudo, ágil.

3. **Fazer da estratégia a tarefa diária de cada pessoa**: as organizações focadas na estratégia requerem que todas as pessoas envolvidas compreendam a estratégia e saibam como conduzir suas atividades de maneira alinhada a ela e que contribuam colaborativamente para seu sucesso.

4. **Fazer da estratégia um processo contínuo**: a estratégia deve estar ligada a um processo contínuo de aprendizagem e adaptação da organização. Para muitas organizações, todo o processo administrativo é construído ao redor do plano orçamentário com reuniões mensais para rever o desempenho e introduzir um processo contínuo e ininterrupto para administrar a estratégia e que permita aprendizagem e a adaptação da estratégia às novas realidades que surgem por meio de um sistema de retroação contínua e em tempo real. Assim, a estratégia deixa de ser um plano a LP e se torna ajustável e adaptável às mutáveis condições do ambiente que envolve a organização.

5. **Mobilizar a mudança por meio da liderança de executivos**: trata-se de envolver a equipe de executivos diretamente no sucesso da estratégia. Em geral, a estratégia é uma aposta de LP em um plano de mudança organizacional que requer espírito de equipe para coordenar as mudanças, e sua execução requer atenção contínua e foco nas iniciativas de mudanças e inovação. A mobilização de todas as pessoas é fator indispensável para a obtenção da sinergia necessária. É um processo de governança para guiar a transição por meio de equipes estratégicas distribuídas em toda a organização.

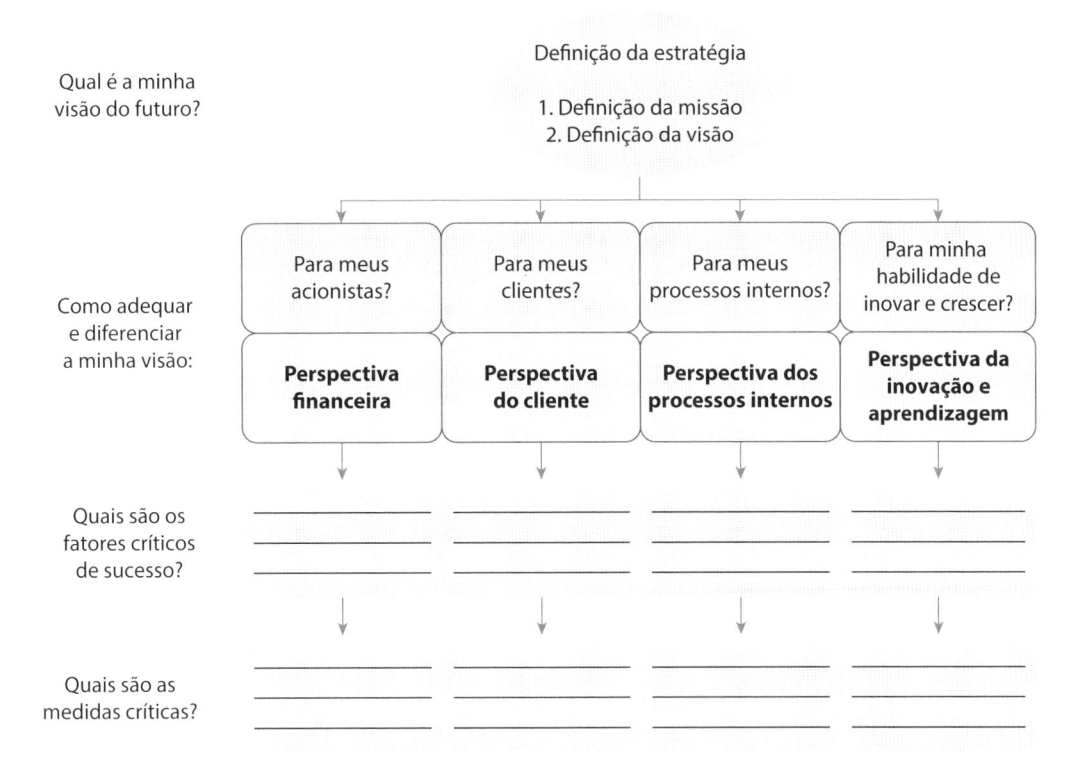

Figura 5.3 Alinhando as mensurações à estratégia.

O BSC cria um contexto adequado para que as decisões relacionadas às operações cotidianas possam ser alinhadas com a estratégia e a visão de futuro da organização, permitindo divulgar a estratégia, promover o consenso e o espírito de equipe, integrando as diferentes partes da organização e criando meios para envolver todos os programas do negócio, catalisar esforços e motivar as pessoas.

Assim, o BSC funciona como um meio de integrar os indicadores financeiros com os demais indicadores da empresa, como inovação e aprendizado das pessoas, processos internos de todas as áreas envolvidas e satisfação do consumidor com aquilo que a empresa oferece e proporciona em termos de produto ou serviço.

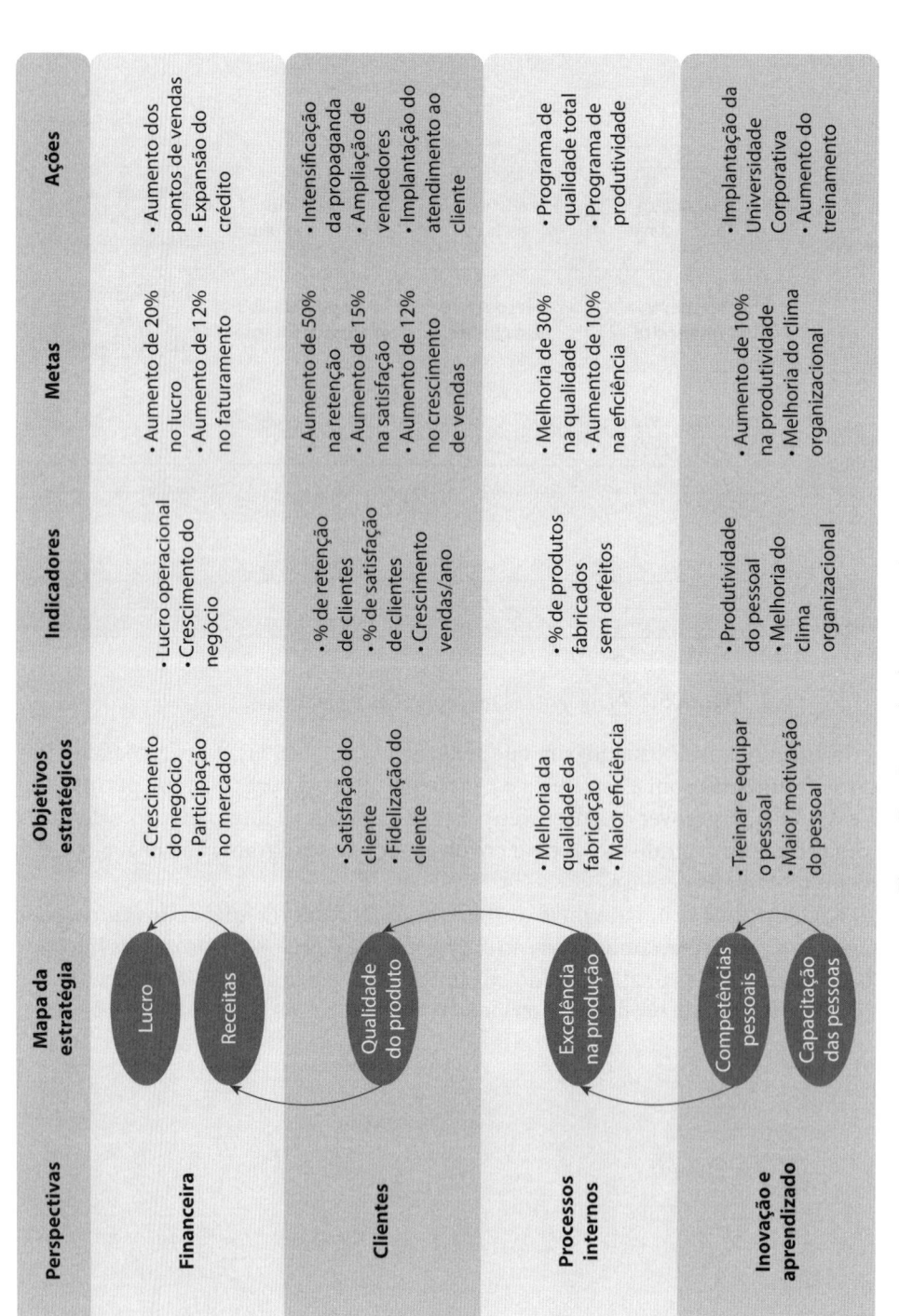

Figura 5.4 Exemplo de um BSC básico.[5]

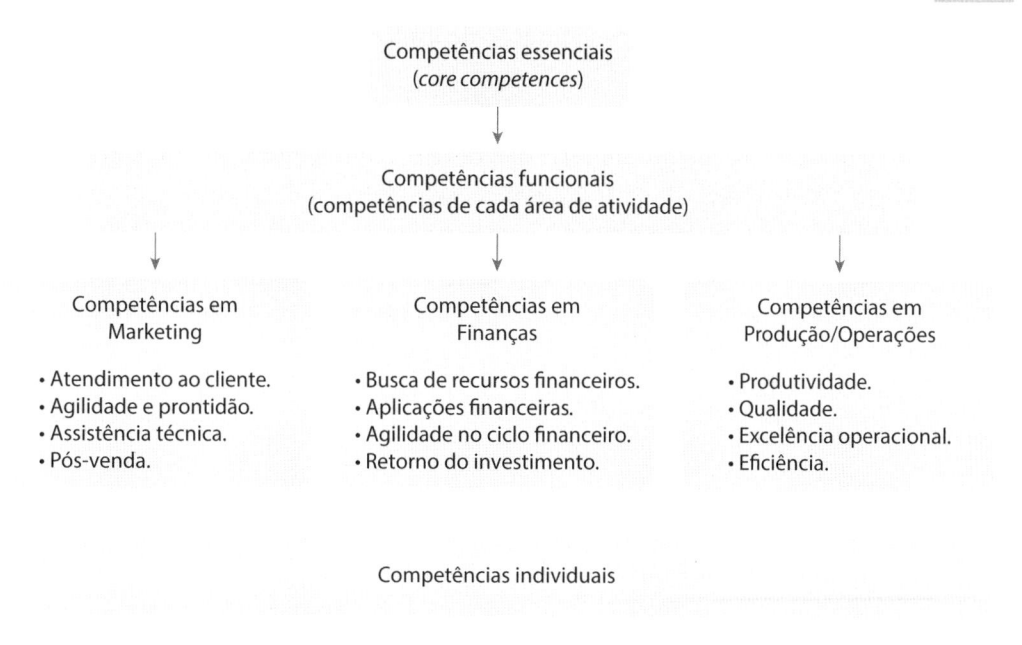

Competências essenciais
(*core competences*)

↓

Competências funcionais
(competências de cada área de atividade)

Competências em Marketing	Competências em Finanças	Competências em Produção/Operações
• Atendimento ao cliente. • Agilidade e prontidão. • Assistência técnica. • Pós-venda.	• Busca de recursos financeiros. • Aplicações financeiras. • Agilidade no ciclo financeiro. • Retorno do investimento.	• Produtividade. • Qualidade. • Excelência operacional. • Eficiência.

Competências individuais

Figura 5.5 Desdobramento das competências essenciais da empresa.

Na verdade, o que se pretende é conjugar e integrar todas as competências organizacionais da empresa em um conjunto sistêmico capaz de alcançar os objetivos desejados e proporcionar resultados sinérgicos. Nesse sentido, o papel ampliado da GF passa a abordar a melhor maneira de obter resultados financeiros a partir de uma conjugação da perspectiva baseada no consumidor, nos vários processos internos da organização e do aprendizado e inovação das pessoas que participam ativamente do negócio.

Aumente seus conhecimentos sobre **Pensar fora da caixa: cuidados estratégicos** na seção *Saiba mais GF* 5.1

Em suma, busca-se o resultado financeiro como a consequência desejada de todas as atividades da empresa. E com a nova mentalidade *environment, social and governance* (ESG): oferecer resultados a todas as partes interessadas no negócio da empresa: clientes e consumidores, acionistas e investidores, administradores e colaboradores fornecedores, comunidade e sociedade em geral, sem deixar de lado a governança corporativa e o mundo em que vivemos.

QUESTÕES PARA REVISÃO

1. Explique o que é e qual a importância do planejamento financeiro.
2. Faça uma tabela comparando os principais pontos abordados entre planejamento financeiro estratégico e planejamento financeiro operacional.
3. Explique o que é estratégia sob a perspectiva da escola do posicionamento.

4. Quais são os passos para a implementação de uma estratégia organizacional? Procure explicar cada um deles.

5. Qual é a contribuição dos SI para a GF?

6. Quais são os desafios/cuidados que o CFO deve ter com as novas inovações dos SI para a área?

7. Com base na leitura do capítulo, destaque e explique quais são os principais papéis de um gestor financeiro para o sucesso da organização.

8. Por qual motivo o gestor financeiro tem que saber técnicas de mudanças e de gerenciamento humano?

9. Explique o que é BSC.

10. Como utilizar o BSC na GF?

REFERÊNCIAS

1. GITMAN, L. J. *Planejamento Financeiro*. 10 ed. São Paulo: Pearson, 2005.

2. KAPLAN, R. S.; NORTON, D. P. *Organização orientada para a estratégia*: como as empresas que adotam o *Balanced Scorecard* prosperam no novo ambiente de negócios. Rio de Janeiro: Campus, 2001. *Vide* também: KAPLAN, R. S.; NORTON, D. P. *A estratégia em ação*: Balanced Scorecard. Rio de Janeiro: Campus, 1997.

3. KAPLAN, R. S.; NORTON, D. P. *A estratégia em ação*: Balanced Scorecard, *op. cit.*

4. KAPLAN, R. S.; NORTON, D. P. *The Balanced Scorecard*: translating strategy into action. Boston: Harvard Business School Press, 1996.

5. KAPLAN, R. S.; NORTON, D. P. *The Balanced Scorecard*: translating strategy into action, *op. cit.*

BIBLIOGRAFIA

BURSTINER, I. *The small business handbook*. New York: Fireside, 1993.

CARMELO, J.; SCHOEPS, W. *Administração contábil e financeira*. Rio de Janeiro: FGV, 1970.

CHIAVENATO, I. *Administração para não administradores*. Barueri: Manole, 2011.

FLINK, S. J.; GRUNEWLAD, D. *Administração financeira*. Rio de Janeiro: Livros Técnicos e Científicos/EDUSP, 1986.

GITMAN, L. J. *Princípios de administração financeira*. São Paulo: Harbra, 1991.

GROPPELLI, A. A.; NIKBAKHT, E. *Administração financeira*. São Paulo: Saraiva, 2002.

JOHNSON, R. W. *Administração financeira*. São Paulo: Pioneira, 1986.

LAMBDEN, J.; TARGET, D. *Finanças para o pequeno empresário*. São Paulo: Best Seller, 1995.

LEITE, H. P. *Contabilidade para administradores*. São Paulo: Atlas, 1988.

LIMA, J. G. *Administração financeira*. São Paulo: Atlas, 1975.

SÁ, A. L. *Administração financeira*. São Paulo: Atlas, 1977.

SANVICENTE, A. Z. *Administração financeira*. São Paulo: Atlas, 1998.

ÍNDICE ALFABÉTICO

C

D

I

Incerteza, 11
Indicadores, 98
Índice(s)
de atividade, 85
de Cobertura de Juros, 89
de endividamento, 89
de Liquidez, 78
Corrente, 78
Imediata, 79
Seco, 79
de Participação de Terceiros, 89
de rentabilidade, 81
financeiros, 77
Infraestruturas do mercado financeiro, 31
Instituições financeiras
bancárias, 26
não bancárias, 26
Investimento em estoque, 61

L

Lei Sarbanes Oxley (SOX), 36
Limitação de capital, 3
Liquidez, 9, 10
Lote econômico de estoque, 60
Lucro, 11, 20
bruto, 11
líquido, 11
da empresa, 12
por Ação, 85

M

Manutenção de permanente situação de liquidez, 9
Margem
bruta, 82
Líquida, 82, 83
Operacional, 82
Líquida, 83
Mercado
de balcão, 34
de capitais, 33, 34
financeiro, 23, 30
internacional, 36